Frankfurter Adorno Blätter IV

Frankfurter Adorno Blätter IV

Herausgegeben vom
Theodor W. Adorno Archiv

edition text + kritik

Redaktion Rolf Tiedemann

Die Deutsche Bibliothek – CIP-Einheitsaufnahme

Frankfurter Adorno Blätter
hrsg. vom Theodor W. Adorno Archiv –
München: edition text + kritik
　　Erscheint ca. jährlich – Aufnahme nach 1 (1992)
1 (1992)

Satz: Wallstein Verlag, Göttingen
Druck und Buchbinder: Schoder Druck, Gersthofen
Umschlagentwurf: Dieter Vollendorf, München, unter Verwendung einer
Manuskriptseite von Theodor W. Adorno
Copyright　edition text + kritik 1995
ISSN　0943-4666
ISBN　3-88377-508-8

Inhalt

Walter Benjamin
Neue Baudelairiana
Unveröffentlichte Fragmente zu einer Neufassung des *Flaneurs*
Mit einer Notiz von Rolf Tiedemann   9

Walter Benjamin
Paris, 24. Januar 1939
Ein Literaturbrief   26

Walter Benjamin
Notizen zu einer Arbeit über die Kategorie der Gerechtigkeit
Mit einem Kommentar von Hermann Schweppenhäuser   41

*

Adornos Seminar vom Sommersemester 1932
über Benjamins *Ursprung des deutschen Trauerspiels*
Protokolle   52

*

Thomas Schröder
Eschatologie und Parataxis
Adornos naturgeschichtliches Motiv   78

Jan Philipp Reemtsma
Nicht Kösteins Paradox
Zur *Dialektik der Aufklärung*   93

Eckart Goebel
Das Hinzutretende
Zur *Negativen Dialektik*   109

*

Matthias Schmidt
»To be one's age«
Ein Nachtrag zum Briefwechsel zwischen
Theodor W. Adorno und Ernst Krenek   117

*

Silvia Bovenschen
Hundstage   140

*

Editorische Notiz   142

Die prohibitive Schwierigkeit der Theorie heute zeigt sich an der Sprache. Sie erlaubt nichts mehr zu sagen wie es erfahren ist. Entweder sie ist verdinglicht, Waren-Sprache, banal und fälscht den Gedanken auf halbem Weg. Oder sie ist auf der Flucht vorm Banalen, feierlich ohne Feier, ermächtigt ohne Macht, bestätigt auf eigene Faust. Sucht man wie Brecht durch Aussparen beidem zu entgehen, so verfällt man der Neusachlichkeit als Stil, dem Schein des Unscheinbaren, dem zweideutigen Blitzen von Stahl. Ahnungslos vollstrecken die logischen Positivisten, die die Sprache durch mathematische Symbolik ersetzen wollen, einen historischen Urteilsspruch. Die Sprache verweigert sich dem Gegenstand: sie ist von einer grauenvollen Krankheit befallen. Kraus hat sie ohnmächtig mit dem Naturheilverfahren behandelt. Daß die Gewalt der Fakten so zum Entsetzen geworden ist, daß alle Theorie, und noch die wahre, sich wie Spott darauf ausnimmt – das ist dem Organ der Theorie selber, der Sprache, als Mal eingebrannt. Die Praxis, die die Theorie entmächtigt, kommt als Element der Zerstörung im Inneren der Theorie, ohne Blick auf mögliche Praxis, zutage. Eigentlich kann man nichts mehr sagen. Die Tat ist die einzige Form, die der Theorie noch bleibt.

Theodor W. Adorno
Aus einem Schulheft ohne Deckel
Bar Harbor, Sommer 1939

Walter Benjamin

Neue Baudelairiana
Unveröffentlichte Fragmente zu einer Neufassung des *Flaneurs*

noctambulisme I

II p 15 Abs 2 Z 2 ⟨GS I · 2, S. 552, Z. 22⟩ Die Erscheinung der Straße als Interieur ist von der Gasbeleuchtung nur schwer zu trennen. Das erste Gaslicht brannte in den Passagen.* In Baudelaires ⟨Kindheit fällt der Versuch, unter freiem Himmel es zu verwerten; man stellte auf der Place Vendôme Kandelaber auf. Unter Napoleon III. wächst die Zahl der pariser Gaslaternen in schneller Folge. Das erhöhte die Sicherheit in der Stadt; es machte die Menge auf offener Straße auch⟩ Z 9 ⟨Z. 30 f.⟩ des nachts bei sich selber heimisch. [In der Blütezeit des Second Empire schlossen die Läden in den Hauptstraßen nicht vor zehn Uhr abends. Es war die große Zeit des noctambulisme.] Die Straßen waren noch spät in der Nacht belebt. Im Wachen steckt eine eigentümliche Dialektik. Es entspricht ebenso wohl der Furcht vor dem

---

* Es ist dabei nicht ohne unglückliche Zufälle abgegangen, wie man aus einem Gedicht schließen muß, das Barthélemy im Jahre 1838 an den Polizeipräfekten Delessert richtete:

> »Dans ces couloirs où l'oisif se pavane,
> Fume en bleus tourbillons la feuille de Havane,
> …
> Rends-nous, par tes efforts, l'existence plus douce,
> Ecarte de nos pas toute rude secousse;
> Pour prévenir à temps les volcans destructeurs
> Des salons de lecture et des restaurateurs,
> Dès que la nuit commence, ordonne qu'on explore
> Tous les lieux infectés par le gaz inodore,
> Et qu'on donne l'éveil avec des cris de peur,
> Sitôt qu'on sent filtrer l'inflammable vapeur.«

Nudier und Pichot publizierten eine Schrift gegen die Gefahren der Gasbeleuchtung. Der tiefere Grund dieser Reaktionen dürfte in dem ursprünglich festlichen Charakter der Gasbeleuchtung zu suchen sein. »Mit welchen Mitteln bereichert sie unsere Festlichkeiten!« sagt Gottfried Semper. (Wissenschaft Industrie Kunst Braunschweig 1852 p 12) Das Fest vertritt nicht selten die Katastrophe. Es ist nun gleichsam eine Impfung; das Gemeinwesen provoziert Gefahr auf eine ungefährliche Art und Weise.

Unbekannten, wie dem Drange nach Abenteuern. Das Unbekannte, vor dem der Wachende auf der Hut ist, kommt mit der Nacht herauf: in Gestalt der Dunkelheit und der Träume. Er schließt einen Bund mit dem Licht, es sei die Kerzenflamme oder die Gaslaterne. Im Wachen lebt aber ebenso die Erwartung, die vor dem Nichts nicht kapitulieren und das Fazit des Tages eher nicht ziehen will, bis ein letzter, größter Gewinn eingebracht worden ist. »Je später auf den Abend, desto schöner die Gäste« – wie das Sprichwort sagt. Diese festliche Erwartung, von der die Kinder, die nicht zubett gehen wollen, zu sagen wissen, welcher Kafka die Narren verfallen zeigt, die »in dem Lande im Süden wohnen, wo die Leute nicht müde werden«* – sie ist gleichfalls mit dem künstlichen Licht im Bunde. Und das schlechte Gewissen, mit dem sich der noctambule in der Morgenfrühe von seinem Schauplatz trennt, braucht nicht an der verbummelten Nacht zu hängen. Zumindest könnte der Kleinmut daran teil haben, aus dem er auf ein letztes und krönendes Abenteuer Verzicht leistet. »Der Mensch«, schrieb Baudelaires Freund Delvau in dem der zweiten Stunde nach Mitternacht gewidmeten Kapitel seiner *Heures parisiennes,* »darf sich von Zeit zu Zeit ausruhen; Haltepunkte und Stationen sind ihm erlaubt; aber er hat nicht das Recht zu schlafen.«**

noctambulisme II

II p 16 Abs 2 Z 1 ⟨GS I · 2, S. 553, Z. 5 f.⟩ In der Blütezeit des Second Empire schlossen die Läden in den Hauptstraßen nicht vor zehn Uhr abends. Neben ihnen wurde der Nachtbetrieb von Cafés unterhalten, für deren [mondänen] Rang die Installation des Gaslichts den Maßstab abgab. In den besuchtesten hatten Comptoirdamen ihren Sitz, die ein deutscher Reisender so beschreibt: »Den Tag über erscheinen sie in Papilloten und im Peignoir, nach Sonnenuntergang aber, wenn das Gas angezündet wird, in vollkommenem Ballstaat. Wenn man sie dann, von einem Feuermeer umgeben, an ihren Zahltischen thronen sieht, denkt man wohl zurück an die blaue Bibliothek und das Mährchen von Schönchen Goldhaar und der bezaubernden Prinzessin, wofern anders der Vergleich statthaft ist, da die

---

* ⟨Franz Kafka: Betrachtung 2. Ausg. Leipzig 1915 p 15/16⟩
** Alfred Delvau: Les heures parisiennes Paris 1866 p 206

Pariserinnen mehr bezaubern, als bezaubert sind.«* Der Epoche pariser Lebens, die in diesem Bilde umrissen ist, hat Maupassant den Nekrolog geschrieben. Er entläßt seinen Flaneur in die lichtdurchflutete Großstadtnacht, er verfolgt seinen Weg durch die festlich wogende Menge, er läßt ihn vom Abebben der Menschenflut Zeuge werden und zuletzt, als die Gasflammen rings erloschen sind, als Strandgut auf dem Asphalt zurückbleiben. Dieser Nachfahre der bohème dorée, der Nestor Rocqueplan oder Beauvoir, ist dem Eindruck der toten Stadt in der grauen Dämmerung nicht mehr gewachsen. Wenn das historische Gewicht dieser Studie am Ende liegt, so findet sich ihr geheimes Motiv am Anfang, der die Nacht im Beginnen einführt. »In der beschwingten Luft lag alles klar – von den Planeten bis zu den Gaslaternen. Dort oben und in der Stadt funkelten soviel Lichter, daß die Finsternis selbst Helle zu spenden schien. Die strahlenden Nächte haben mehr Heiterkeit als die Tage voll Sonnenschein.«** Das ist die Nacht, die die Maschen ihres Lichtnetzes durch das Universum ausgelegt hat, um die rara avis, das Erlebnis, darin zu fangen. In kraft der Kandelaber, die da entzündet wurden, ist das Universum zum Interieur aufgerückt. Es ist der Raum, der von der »italienischen Nacht« gestellt wird, deren Lampions unter freiem Himmel in die Bilder des gestirnten so eintreten, daß sich der Weltraum in ein Plafond verwandelt, an welchem tausend Lüster befestigt sind. Grandville hat ihn in den »Etoiles« so gezeichnet.

noctambulisme III

Die Nacht hat ihr Glücksversprechen nicht eingelöst, so wenig wie das Kaisertum des Second Empire. Als mit dem Aussterben der Passagen p 16 Abs 2 Z 8 ⟨GS I · 2, S. 553, Z. 14: die Flanerie aus der Mode kam und auch Gaslicht nicht mehr für vornehm galt, schien einem letzten Flaneur, der traurig durch die leere Passage Colbert schlenderte, das Flackern der Kandelaber nur noch die Angst ihrer Flamme zur Schau zu tragen, am Monatsende nicht mehr bezahlt zu werden. Damals schrieb Stevenson seine Klage auf das⟩ p 16 Abs 2 Z 13 ⟨GS I · 2, S. 553, Z. 20⟩ Verschwinden der

---

* Eduard Kroloff: Schilderungen aus Paris Hamburg 1839 II p 76/77
** Guy de Maupassant: Clair de lune Paris 1909 p 221 (La nuit cauchemar)

Gaslaternen. An den Glanz der italienischen Nacht bewahrt sie freilich keine Erinnerung mehr. Sie hängt vor allem dem Rhythmus ⟨nach, in dem Laternenanzünder durch die Straßen hin eine nach der andern die Laternen entzünden. Erst hebt sich dieser Rhythmus vom Gleichmaß der Dämmerung ab, nun aber von einem brutalen Chock, mit dem ganze Städte auf einen Schlag im Schein des elektrischen Lichts daliegen. »Dieses Licht sollte nur auf Mörder oder auf Staatsverbrecher fallen oder in Irrenanstalten den Gang erleuchten – Grauen,⟩ Grauen zu steigern angetan.«*,** Die Vorherrschaft des elektrischen Lichtes, das in dem Maupassantschen Nachtstück noch auf die Etablissements in den Champs Elysées beschränkt ist, zeigt das Ende des noctambulisme an. Das Gaslicht verlor sein soziales Prestige mehr und mehr. Es sprach von Verlassenheit, wenn nicht von Niedergang und seine Flamme konnte wieder beklemmend wirken, wie einst Poe sie geschildert hatte. In seiner Novelle *Der Mann der Menge,* in der sich die historische Konstellation, in der der Flaneur auftritt, niedergeschlagen hat, heißt es: »Die Strahlen II p 17 Abs 1 Z 1 ⟨GS I · 2, S. 553, Z. 32⟩ der Gaslaternen ⟨waren zuerst schwach gewesen als sie noch mit der Abenddämmerung in Streit gelegen hatten. Nun hatten sie gesiegt und warfen ein flackerndes und grelles Licht ringsumher. Alles sah schwarz aus, funkelte aber wie das Ebenholz, mit dem man den Stil⟩ Tertullians verglichen hat.« Die elektrisch erhellte Großstadt kennt überhaupt keine Abenddämmerung. Schon das Gaslicht verdrängte den Sternenhimmel aus dem Bilde der großen Stadt. Am wenigsten konnte in ihr der Aufgang der Sterne in der alten Weise bemerkbar bleiben. Kants Umschreibung des Erhabnen durch »das moralische Gesetz in mir und den gestirnten Himmel über mir« hätte so von einem Großstädter nicht gegeben werden können. »Ich ziehe den Vorhang hinter der Sonne zu; nun ist sie zu Bett gebracht wie es sich gehört; ich sehe fortan kein anderes Licht als das der

---

* Robert Louis Stevenson: Virginibus puerisque and other papers London p 192

** Jacques Fabien, der den Informationsbetrieb scharfsinnig persifliert, gibt dem elektrischen Licht die Schuld daran, daß sich die Blindenanstalten bevölkert haben: »Zuerst ist die Elektrizität mit ihrem grellen Licht im Bergbau unter Tage verwendet worden; dann wurden Straßen und Plätze von ihr beleuchtet; danach kamen die Fabriken, die Werkstätten, die Läden, die Theater und die Kasernen an die Reihe; zuguterletzt kam das Interieur daran. Die Augen haben im Angesicht ihres strahlenden Feindes zunächst standgehalten. Aber mit der Zeit ergab es sich, daß sie, erst vorübergehend, dann häufiger und schließlich auf die Dauer geblendet wurden.« (Jacques Fabien: Paris en songe Paris 1863 p 96/97) *Utopie??*

Gasflamme«, heißt es bei einem Chronisten des Boulevard.* Das gleiche Bild im *Crépuscule du soir*:

>»le ciel
>Se ferme lentement comme une grande alcôve« –

und zugleich eine Illustration zu Claudels berühmtem Wort, das bei Jacques Rivière überliefert ist**, Baudelaires Stil sei eine Mischung von dem Racines und den zeitgenössischen Journalisten.

der Tauschwert ⟨I⟩

Wahrscheinlich gibt es noch keinen Begriff von Lust – und bestimmt keinen von der Lust des Neurotikers als den wir umstandslos den Flaneur erkennen, der nicht den Begriff der Angst mitenthielte, die von dieser Lust nur die andere Seite ist. Die Wollust, sich käuflich zu finden, geht im Flaneur mit der Angst, auf einen Käufer zu stoßen, eine überaus denkwürdige Verbindung ein. Diesen Käufer hat Baudelaire noch verfehlt (für viele seiner Kollegen war es Napoleon ⟨III⟩; von Baudelaire kann das nicht wohl gesagt werden). Dagegen ist soviel sicher, die heutigen Nachfahren Baudelaires entgehen dem Käufer schwer. Sie brauchen den Markt nicht mehr aufzusuchen, denn sie können ihm kaum entrinnen. Ja sie können von Glück sagen, wenn nicht, wie in den totalitären Staaten, die Schreibkaserne an seine Stelle tritt. (So hat man die Verlage mit Recht genannt, welche unter der Botmäßigkeit eines Ministeriums für Propaganda stehen.) Unter diesen Verhältnissen [büßt der Gestus der Flanerie für die Künstler seine Bedeutung ein, und damit verliert der Flaneur das Vorbild, das von Anfang an maßgebend für ihn war.] wird der Gestus der Flanerie für die freie Intelligenz widersinnig und er büßt damit überhaupt die Bedeutung ein. Der Typ des Flaneurs schrumpft nun gleichsam ein, so als hätte ihn eine böse Fee mit dem Zauberstab angerührt. Am Ende dieses Schrumpfungsprozess⟨es⟩ steht der Sandwichman. Die Einfühlung in die Ware ist hier vollendet; der Flaneur steckt nun wirklich in ihrer Haut. Er geht nun

---

* Julien Lemer: Paris au gaz Paris 1861 p 10
** ⟨Jacques Rivière: Etudes 5me éd Paris 1924 p 15⟩

gegen ein Entgelt spazieren und seine Inspektion der Stadt ist, gleichsam über Nacht, zum Beruf geworden.*

der Tauschwert ⟨II⟩

Der Warenfetisch thront auf einem Dschaggernaut ⟨sc. Juggernaut⟩, auf dem Wagen des Gottes Shiwa, der unter seinen Rädern alles gleichmacht. In diesen Fetisch fühlt der Flaneur sich ein. Ihm gewinnt er jene ivresse religieuse der großen Städte ab. Ist er mit dem Warenfetisch so eins geworden, so kann er sich endlich rühmen, er sei des Abenteuers, auf das das Erlebnis aus war, gewürdigt worden. Die Phantasmagorie hat sich ihm aufgetan; sie hat ihn in ihrem Schoß empfangen.

der Tauschwert ⟨III⟩

So war die égalité nach Marx ein Schleier, der das schöne Götterbild der Vernunft zu einem zweiten Bilde von Sais macht. {Er hat die rationalen und sittlichen Motive der Losung darum doch nie verkannt. Wenig nach ihnen zu fragen hat andererseits Baudelaire durchaus nicht davor bewahren können, den verborgenen Illusionen anheimzufallen, welche in der égalité am Werke sind.} Baudelaire hat als Schüler de Maistres sicher wenig von der égalité gehalten, die die große Revolution auf ihr Banner schrieb. Den Idealen der Aufklärung war er nicht zugetan. Aber die rationalen und sittlichen Motive im Begriff der égalité preiszugeben und wenig Aufhebens von den Menschenrechten, die sie ideologisch begründen wollte, gemacht zu haben, hat ihn ganz und garnicht davor bewahrt, den verborgenern Illusionen anheimzufallen, die Marx im Begriffe der égalité erkennt. Nirgends ist deutlicher, was ihn von Daumier trennt. Baudelaire haßte die Bourgeoisie; aber das war eine hektische Leidenschaft; kam über ihn in Schüben, sie ließ ihn wieder; er hat ihre ökonomische Ordnung nie durchschaut. Daumier ver-

---

* Daß am Aussterben der flanerie neben diesem Motiv, das spezifisch ist, viele allgemeinere zusammenwirken, bedarf kaum des Hinweises. Taylor machte das »Nieder mit der flanerie« zur Losung. »Der Flaneur« schreibt Rattier schon 1857 II p 20 Z 7 ⟨GS I · 2, S. 557, Z. 4 f.⟩ in seiner Utopie *Paris n'existe pas,* »den man auf dem Pflaster und vor den Auslagen angetroffen hat, dieser nichtige, unbedeutende, ewig schaulustige Typ, der immer auf Sechser-Emotionen aus war und von nichts wußte als von Steinen, Fiakern und Gaslaternen ... der ist nun Ackerbauer, Winzer, Leinenfabrikant, Zuckerraffineur, Eisenindustrieller geworden.«

achtet die Bourgeoisie; dies Gefühl kennt den Wechsel der Phasen nicht; es nährt sich aus überlegner Einsicht. Im Gelächter räumt Daumier mit einer Gleichheit auf, die er als historischen Schein dingfest macht. Er durchschaut sie nach ihrem wahren Wesen, nämlich als die windige égalité, wie sie sich im Beinamen Louis Philippes breit machte. Die Gleichheit hat ein ganz anderes Aussehen bei einem Poe, geschweige bei einem Baudelaire. Es ist, mit einem Wort, ein dämonisches. Bei Poe, im *Mann der Menge* blitzt wohl noch die Möglichkeit eines komischen Exorzismus auf. Bei Baudelaire ist davon keine Rede. Die Fata morgana der Gleichheit, wie sie am Horizont des Weltmarktes sich erhebt, war die Heimat seines dichterischen Ingeniums.

der Typ

[Die tiefste Lotung, die Baudelaire in der Welt des flaneurs je vornahm, ist in den *sept vieillards* festgehalten. Das verschlossene Gedicht, an welchem die Interpreten gerne vorübergingen, bekommt ein erstes Relief durch eine literarische Tagesmode.] {Sie fällt in Baudelaires Jugendzeit.} Eine eigentümliche literarische Tagesmode fiel in Baudelaires Jugendzeit. Damals kursierten im Publikum unscheinbare Hefte in Taschenformat, die sich »Physiologien« nannten. Sie gingen Typen nach, wie sie dem, der den Markt in Augenschein nimmt, begegnen. Vom fliegenden Straßenhändler der boulevards bis zu den élégants im foyer der Oper gab es keine Figur des pariser Lebens, die der physiologue nicht umrissen hätte. Der große Augenblick der Gattung fällt in den Anfang der vierziger Jahre. Sie ist die hohe Schule des Feuilletons. Baudelaires Generation hat sie durchgemacht. Grund genug für Baudelaire selbst, als Schriftsteller einen ganz und gar andern Weg zu gehen. Doch hat er, gewiß ohne an diese Mode zurückzudenken, ihr nach zwanzig Jahren das Urteil in dem Gedicht *les sept vieillards* gesprochen.

Die Physiologien sehen es darauf ab, den Passanten, der in der Menge vorbeigetrieben wird, mit einem flüchtigen Blick abzuschätzen und vor allem nach seiner sozialen Stellung zu rubrizieren.* Ihr Interesse war

---

* II p 1 Abs 2 ⟨GS I · 2, S. 537, Z. 28⟩ Man zählte 1841 ⟨sechsundsiebenzig neue Physiologien. Von diesem Jahre an sank die Gattung ab; mit dem Bürgerkönigtum war auch sie verschwunden. Sie war eine von Grund auf kleinbürgerliche. Monnier, der Meister des

grundsätzlich von dem individualpsychologischen unterschieden, das die Physiognomiker um Lavater geleitet hatte. Es war die erste Reaktion auf die Tatsache, daß der Mensch in der Großstadt in Massen auftrat. Sie ⟨sc. die Physiologien⟩ versicherten, jedermann sei imstande, Beruf, Charakter, Herkunft und Lebensweise der Erfahrung des erstbesten abzumerken. Bei ihnen erscheint diese Gabe als eine Fähigkeit, die die Feen dem Großstädter in die Wiege legen. [Balzac tat sich sehr viel auf sie zu gute.] Delvau, Baudelaires Freund und der interessanteste unter den kleinen Meistern des Feuilletons, will das Publikum von Paris nach seinen verschiednen Schichten so leicht auseinanderhalten wie ein Geologe die Schichtungen im Gestein. Dieses Zutrauen gehört zu den mancherlei Illusionen, mit denen sich der Großstädter an der Schwelle einer vielfach gefährdeten Existenz selber Mut macht. Weit minder fragwürdig als der Scharfblick, den jene kleinen Schriften trainieren wollten, war ihre stillschweigende Gewißheit, in das Netz der Typologie alles einzufangen. Der eben gedachten törichten Illusion gibt sie zum Pendant eine Angstvorstellung, welche unbeschadet ihrer Absurdität sehr viel mehr innere Wahrheit hat. Nichts ⟨kann⟩ {hindert ja, den Gedanken auszudenken,} {hinderte} den⟨,⟩ der Daumiers Blätter im *Charivari* an sich vorbeiziehen läßt, [an den Gedanken sich zu verlieren,] hindern, der Träumerei nachzuhängen, es könnten selbst die speziellsten Eigenheiten, mit denen sich das Individuum vom Typus abhebt, zu Konstituentien eines neuen Typs sich zusammenschließen. So würde zuletzt noch das bestdefinierte Subjekt, das in strikter Besonderung vergegenwärtigte, sich als Probestück eines Typs erweisen. Damit offenbart sich im

---

Genres, war ein mit ungewöhnlicher Fähigkeit zur Selbstbeobachtung ausgestatteter Spießer. Nirgends durchbrachen diese Physiologien den beschränktesten Horizont. Nachdem sie sich den Typen gewidmet hatten, kam die Reihe an die⟩ p 2 Z 2 ⟨GS I · 2, S. 538, Z. 1⟩ Physiologie der Stadt. Als auch diese Ader ⟨erschöpft war, wagte man sich an eine ›Physiologie‹ der Völker. Man vergaß nicht die ›Physiologie‹ der Tiere, die sich seit jeher als harmloser Vorwurf empfohlen haben. Auf die Harmlosigkeit kam es an. In seinen Studien zur Geschichte der Karikatur macht Eduard Fuchs darauf aufmerksam, daß im Anfang der Physiologien die sogenannten Septembergesetze stehen – das sind die verschärften Zensurmaßnahmen von 1836. Durch sie wurde eine Mannschaft von fähigen und in der Satire geschulten Künstlern mit einem Schlage von der Politik abgedrängt. Wenn das in der Graphik gelang, so mußte das Regierungsmanöver erst recht in der Literatur glücken. Denn in ihr gab es keine politische Energie, die sich mit der eines Daumier hätte vergleichen lassen. Die Reaktion ist also die Voraussetzung, »aus der sich die kolossale Revue des bürgerlichen Lebens erklärt, die⟩ in Frankreich einsetzte.«

Kern des Studiums, zu dessen Gegenstand der Flaneur den Typus macht, eine Phantasmagorie von besonderer Art. Baudelaire hat sie in dem Gedicht *les sept vieillards* gebannt. Darin nimmt er es mit der siebenfach wiederholten Erscheinung der abstoßenden Gestalt eines Greisen auf, deren Anblick ihn an den Rand des Wahnsinns bringt. Es geht in dieser Dichtung um garnichts anderes als um den Lohn, welcher dessen harrt, der in den Typ vergafft ist. Man könnte beinah sagen, er sieht sich selbst, den Müßiggänger in der beliebigsten, zufälligsten Inkarnation plötzlich Typus werden. Das Individuum, das so in seiner siebenfachen Vervielfältigung als Gleiches zum Vorschein kommt, ist der Albtraum des Einwohners einer großen Stadt. Es ist die Ausgeburt der Angst, selbst unter Aufbietung der exzentrischsten Eigentümlichkeiten aus dem Bannkreis des Typus nicht mehr herauszukommen.

[am Rand; nicht integriert:] war das Wirken der Meister, die eben damals sich anschickten, die gewaltigen Formen zu modellieren, die bereit stehen mußten, die ersten Erfahrungen die der Mensch in der neuen Gesellschaft machte, wie eine glühende Erzmasse in sich aufzunehmen. Diese Meister sind Balzac und Daumier gewesen. Sie schufen Figuren von einer äußersten Drastik, deren Präzision ins Groteske ging. Und dennoch waren sie typisch bis in Entstellungen, Ticks oder modische Narreteien. Sie konnten einem Wahn Nahrung geben, der unbeschadet seiner Absurdität, sehr viel mehr innere Wahrheit für sich hatte als die hochfahrenden Traktate der »Physiologen«.

les sept vieillards ⟨I⟩

Die Art, in der diese sieben Monstra einander gleichen, hat nichts mit der zu tun, die Daumier in seinen Typen festhält. Auch entspricht dem, daß Daumier seine Modelle der Komik überantwortet; Baudelaire seine Leser aber dem Grauen. Das hängt nun offenbar so zusammen: Daumier hat eine historische Variable visiert; Baudelaire dagegen eine natürliche Invariante. Baudelaire spricht daher von der Ewigkeit. Es ist die des Mythos, die Ausgeburt der gefesselten Produktivkraft, die dem rückständigen Rechtsbrauch zu willen sein muß. [Eine Ausgeburt von Ewigkeit zu Ewigkeit ist es, die in den *sept vieillards* vom Dichter beschworen wird.]

»Que celui-là qui rit de mon inquiétude,
Et qui n'est pas saisi d'un frisson fraternel,
Songe bien que malgré tant de décrépitude
Ces sept monstres hideux avaient l'air éternel!«

Daß die absolute Identität der Typen etwas Grauenhaftes an sich hat, ist ja klar. Es {hätte} ⟨müßte⟩ also nicht unbedingt ihre Gestalt schon an und für sich abstoßen. Was es geschichtlich eigentlich zu sagen hat, daß diese Figuren so sichtbar entstellt erscheinen, das läßt sich von weitem wahrscheinlich erst heute ahnen. Wenn Daumier in all den Köpfen der Politiker, Minister und Advokaten das Gleiche wahrnimmt, so hat das seinen historischen Standindex: es ist die Gleichheit und Mediokrität der Bürgerklasse. Seine Typen sind etwas Gewordenes, und sie werden eines Tages auch wieder abtreten oder vielmehr wie ein Spuk verjagt werden. (Je imponierender die Inkarnation seiner Fratzen gelungen ist, einen desto größern Begriff gibt Daumier von dem Vermögen des historischen Menschen, auch diesen Typ abzulegen wie einen alten Rock.)

les sept vieillards ⟨II⟩

Der gleiche Befund erschließt sich im übrigen in aktuellen Zusammenhängen. Das Interesse am Typ stellt die ersten tastenden Schritte einer Registrierung des Menschen dar, deren Ideal darin bestehen würde, ihn mit einer Matrikel auszustatten, die auf den ersten Blick kenntlich wäre. Der Mensch hat mit allen natürlichen Dingen dies gemein, daß ihm sein Name nicht an der Stirne geschrieben steht. Für gewisse neue Gesellschaftsverfassungen fängt die Anonymität, die seiner Erscheinung eignet, an, eine große Gefahr zu bilden. Dem entspricht es, wenn in diesen Gesellschaften Uniformen und Abzeichen mehr und mehr auch für die Zivilperson obligat werden. Eine Voraussetzung für dieses Unternehmen ist, ein Bild von dem Typus in Umlauf zu setzen, der in keine der Kategorien paßt, die auf Uniform und Abzeichen Anrecht geben. Dieses Bild wird mit allen Zügen der Verworfenheit ausgestattet. Es muß so widerwärtig wie möglich sein. Es soll den Leuten genau vor Augen stellen, was es für sie bedeuten würde, den Anschluß an die Gruppierungen zu verpassen, die von staatswegen für sie vorgesehen sind. Den Prototyp des allerseits Ausgestoßnen hat in diesen Gesellschaftsverfassungen der Jude, wie bekannt, abzugeben. Unbefugt eine Uniform zu tragen, unbefugt ein Abzeichen anzulegen, stellt er den Privatier im strengsten, nämlich im privativen Sinn, den von jeder Funktion entkleideten⟨,⟩ gleichsam den Adam als Parasiten dar. Der Jude ist der Privatmann par excellence; er ist der wahre Außenseiter, auch ist er wohl nicht mehr im eigentlichen Sinne »menschenähnlich«. So zuckt er wie eine Wolkenformation nachts im Wetterleuchten als Typus, als juif à trois pattes, in den *sept vieillards* auf. [Wenn aber diesen sieben Identischen in dem Vers, der ihre Beschreibung abschließt, die Ewigkeit zugesprochen wird, so erweist sich diese aufblitzende Formation als eines jener archaischen Bilder, denen Baudelaire seine kühnsten Visionen im Fluge ablas.] Er stellt eines jener archaischen Bilder dar, denen Baudelaire seine kühnsten Visionen im Fluge ablas. (Ja, diese Transparenz der Befunde bei Baudelaire, dank deren in ihnen ein archaisches Bild durchschimmert, macht die wahre Signatur der Moder⟨n⟩e aus.) So darf man sagen, daß das Gedicht *les sept vieillards* aus dem Beginnen hervorgegangen ist, dem ewigen Juden in dem Paris von 1860 ein Quartier zu machen. Von Vorsatz im strengen Sinn ist hier nicht die Rede. Daß aber der Dichter über die Möglichkeiten einer geschichtlichen Entwicklung im Bilde war, deren Komplize er in gewissen Momenten gewesen ist, ergibt sich aus dieser Notiz der Tagebücher: »Eine schöne Konspiration ließe sich zwecks Ausrottung der jüdischen Rasse organisieren.« Es ergibt sich auch aus einigen recht prophetischen Aufzeichnungen über die Beschaffenheit der Gesellschaft, in der wir diese Konspiration am Werke sehen.

die Gleichheit

Das Motiv der baudelaireschen Ballade ist, um einen Ausdruck der *Traumdeutung* ⟨von Freud⟩ aufzunehmen, überdeterminiert – wie das für dichterische Motive wohl als Regel zu denken ist. Dem geschichtlichen Schein der Gleichheit, der den Warenfetisch recht eigentlich geschaffen hat, ist Baudelaire auf »natürliche« Art beigesprungen. Es ist den Philologen nicht aufgefallen, daß die *sept vieillards,* wie so viele andere unter den Gedichten der *fleurs du mal,* eine Parallele in der Prosa des Dichters haben. Der Ort, an dem sie sich findet, ist aufschlußreich.

Schluß I

Daß der Flaneur selbst einen Typ darstellt, ist zuletzt eine unfreiwillige Ironie. Denn er hat sich gewiß nicht als Typ gemeint. Dem Gewühl enthoben behauptet er seinen Rang als dessen Betrachter, als Zuschauer. Indem er solche Ansprüche einbekennt und allen sozialen Bindungen den Respekt aufkündigt, gibt er in Wahrheit nur einen Anhalt mehr, sein gesellschaftliches Bedingtsein zu definieren. Die Gesellschaft pariert ein Problem mit ihm. Sie hat den Flaneur gleichsam nur geschaffen, um sich aus einer Verlegenheit zu befreien. Sie ergab sich aus der Verschränkung zweier Tatsachen. Es kommt hier erstens der Umstand zu seinem Recht... {Das Problem, welches die bürgerliche Gesellschaft mit dem Flaneur pariert, ergibt sich aus der Verschränkung zweier Fakten. Es enthält einmal den Umstand,} daß im Prinzip in der kapitalistischen Wirtschaft die Arbeit nur noch in Gestalt der Lohnarbeit existiert. Mit dieser Neuheit kollidiert eine andere: die Existenz auf Grund erblicher Privilegien, welche in der feudalen Gesellschaft gewissen Schichten die Muße sicherstellte, hat nicht mehr statt. Die gleiche Entwicklung, die die Arbeit gesellschaftlich nur noch als Erzeugung von Gebrauchswerten für andere gelten ließ, diffamierte die Muße, die wesentlich dem Produkt für den eignen Gebrauch pflegt zugewandt zu werden: die Muße der Poeten und Künstler. Sie sehen sich, bedroht von der gesellschaftlichen Ächtung als Müßiggänger, nach einer Art von Freistatt im Himmel um. Alsbald läßt sich bemerken, wie der Demiurg und der Müßiggänger zusammenrücken. Das Problem des Müßigganges beginnt kurz nach der Revolution debattiert zu werden. Münchs *Theorie des Müßiggangs und der faulen Künste* erschien 1799.* Schlegels *Lucinde* erscheint im gleichen Jahr. »Der Fleiß und der Nutzen«, so heißt es in ihrer Idylle über den Müßiggang, »sind die Todesengel mit dem feurigen Schwert, welche dem Menschen die Rückkehr ins Paradies verwehren!« »O Müßiggang, Müßiggang, einziges Fragment von Gottähnlichkeit, das uns noch aus dem Paradiese blieb!« »Herkules hat auch gearbeitet, aber das Ziel seiner Laufbahn war doch immer 〈abgebrochen; Forts. des Zitats: ein edler Müßiggang, und darum ist er auch in den Olymp gekommen.«〉

---

* 〈Vgl. Theorie des Müßiggangs und der faulen Künste. Psychologisch und kritisch bearbeitet von Johann Gottlieb Münch. Leipzig, Weygand 1799.〉

Schluß ⟨II⟩

So bereitet die Apotheose des Flaneurs sich vor. Was die Erde in ihrer wirtschaftlichen und ihrer rechtlichen Ordnung dem Künstler und Dichter vorenthält, das holt er sich, in der Gestalt des Müßiggängers, vom Himmel herab. Gebühren die Attribute des höchsten Wesens – Allgegenwart, Allmacht, Allwissenheit – nicht dem Müßiggänger? Die Allgegenwart des Flaneurs profitiert von allen Gelegenheiten. Die Allmacht des Spielers erweist ihn nicht nur seinem Partner überlegen sondern auch jedem, der eine Arbeit tut. Die Allwissenheit [des Studenten ist der Adelsbrief aller Müßiggänger und die] des Detektivs ist ein Abbild derer, die dereinst mit dem Schuldigen ins Gericht gehen wird. Der Müßiggänger ist dergestalt das schlechthin einzige Ebenbild Gottes, welches in dieser Gesellschaft möglich ist. Nichts anderes als diese Theologie des Müßiggangs macht den Fond von Baudelaires Satanismus aus.

Abschluß

Der Warenfetisch bewegt sich auf einem Dschaggernaut, auf dem Wagen des Gottes Shiwa, der unter seinen Rädern alles gleichmacht. Mit diesem Fetisch identifiziert der Flaneur sich, in ihn fühlt er sich ein. Ihm gewinnt er jene ivresse religieuse des grandes villes ab, welche garkeine andere ist als die der Identifikation mit dem Fetisch selbst. Dieser Fetisch soll die Züge des Gottes leihen. Und er ähnelt ihm; nicht zwar dem schaffenden, aber doch dem Gott der von seiner Schöpfung ausruht. Die Herrschaft der Bourgeoisie war nicht sobald befestigt, als eben dieses Bild des Gottes ⟨abgebrochen⟩

Die Einfühlung in den Gott, in den Warenfetisch wäre die Apotheose des Flaneurs, wenn sie nicht vielmehr von Anfang an den Kanon des Erlebnisses für diese Theologie des Müßigganges bildete, dem in der Gottähnlichkeit von Anfang an sein⟨e⟩ angestammte Vollendung ⟨auch eine Art von Freistatt im Himmel⟩* verheißen ist.

---

* ⟨Formulierungsvariante am Rand; Einfügung an dieser Stelle ungesichert.⟩

Rolf Tiedemann
Notiz zu Benjamins neuen Baudelaire-Fragmenten

Anfang Mai 1940, nach dem Erscheinen der umgearbeiteten Baudelaire-Arbeit *Über einige Motive bei Baudelaire* und nicht lange vor seiner erzwungenen Flucht aus Paris, heißt es in einem Brief Benjamins an Theodor W. Adorno: »Da Sie mich nach Maupassants *La nuit* fragen: Ich habe das wichtige Stück sehr genau gelesen. Es gibt ein Fragment des *Baudelaire,* das es behandelt, und das Sie ja wohl eines Tages sehen werden.«[1] Die Stelle mußte bei ihrem Erstdruck, in der zweibändigen Ausgabe von Benjamins *Briefen* von 1966, unerklärt bleiben; beim Nachdruck desselben Briefes im Apparatteil zum zweiten Band der *Gesammelten Schriften* wurde zu der Formulierung »Es gibt ein Fragment ...« angemerkt: »nicht erhalten«[2]; und in dem kürzlich erschienenen, vollständigen *Briefwechsel* zwischen Adorno und Benjamin ist schließlich auf eine bestimmte Seite des *Passagenwerks* verwiesen worden[3]. Zu der Stelle auf jede Erläuterung zu verzichten, war kaum weniger unbefriedigend als der Hinweis auf das *Passagenwerk,* in dem zwar zwei Zitate aus dem Maupassantschen Notturno zu finden sind, von denen sich aber nicht gut sagen läßt, daß dieses in ihnen ›behandelt‹ werde. ›Nicht erhalten‹ schien Benjamins Fragment in der Tat zu sein; und das sowohl 1974, als die damals zugänglichen Teile von Benjamins *Baudelaire* im Rahmen seiner *Gesammelten Schriften* erschienen, wie 1989, als ein inzwischen wiedergefundenes, umfangreiches Konvolut mit Manuskripten zu Benjamins Baudelaire-Projekt im letzten Band der *Gesammelten Schriften,* in der Form von Nachträgen, vorgestellt werden konnte. Das Fragment, in dem Benjamin Maupassants *La nuit* behandelt, fehlte immer noch. Anders als Adorno, der es niemals zu sehen bekommen hat, kann der Leser es jetzt, zusammen mit einer Anzahl weiterer, bislang unbekannter Fragmente zu Benjamins *Baudelaire,* kennenlernen.[4]

Gleich den meisten Benjaminschen Manuskripten sind auch die vorliegenden vom Autor nicht datiert worden.[5] Durch den wiederholten Bezug auf das Typoskript des zweiten Teils von *Das Paris des Second Empire bei Baudelaire*[6], der ersten, aus dem Passagen-Komplex ausgegliederten Baudelaire-Arbeit Benjamins, ist jedoch der terminus a quo gegeben: das Typoskript wurde Ende September 1938 nach New York, den Redaktionssitz der *Zeitschrift für Sozialforschung,* gesandt; die Fragmente entstanden nach diesem Zeitpunkt, wahrscheinlich erheblich später. Adornos briefliche Kritik an *Das Paris des Second Empire bei Baudelaire,* die darauf hinauslief, daß in der Arbeit die pragmatischen Gehalte ohne theoretische Interpretation blieben, wurde am 10. November 1938 geschrieben und von Benjamin mit einem Brief vom 9. Dezember beantwortet.[7] Im Verlauf der folgenden Korrespondenz zwischen Benjamin und Adorno schälte sich der Plan einer »Umarbeitung des Abschnittes der Flaneur«, des mittleren Teils von *Das Paris des Second Empire bei Baudelaire,* heraus, wie Benjamin am 20. Februar 1939 Scholem berichtete[8]. Erwägungen zu einer solchen Umarbeitung, die Benjamin in Briefen zwischen Ende Februar und etwa Mitte April 1939 anstellte und die eben jenen Gegenständen und Themen galten, welche auch die vorliegenden Fragmente beherrschen, erlauben die Vermutung, daß die letzteren gleichzeitig niedergeschrieben wurden. Da ist, sowohl in den Fragmenten wie in den Briefen, von dem bald aufgegebenen Phänomen des noctambulisme, der Nachtschwärmerei des Flaneurs, die Rede; da wird die Problematik des Typus wiederaufgenommen, die seit Jahren in den Diskussionen Adornos mit Benjamin eine Rolle spielte. Divinatorische Einsichten, die Benjamin an den Karikaturen Daumiers gewinnt, werden nahezu wörtlich in einen Brief an Adorno übernommen. Dem Müßiggang im Bürgertum bestimmt Benjamin seine historische Signatur im Gegensatz zur feudalen Muße, während er in der Interpretation der Baudelairschen *Sept vieillards* bereits die uniformierte Gesellschaft des Faschismus, selbst die verwaltete Welt von heutzutage ausmacht. Am Ende freilich, in der in den letzten Julitagen 1939 abgeschlossenen zweiten Baudelaire-Arbeit, in *Über einige Motive bei Baudelaire,* ist die Mehrzahl der in den vorliegenden Fragmenten begegnenden Motive wiederum getilgt und späteren Fortsetzungen zugewiesen worden. *Über einige Motive bei Baudelaire* sollte jetzt den mittleren Teil einer dreiteiligen Arbeit bilden, deren erstem Teil unter anderem die Motive des noctambulisme und der Phantasmagorie vorbehalten blieben und deren abschließender die Theorie des Typs sowie die der ›Einfühlung in die Warenseele‹ behandeln sollte. Daß in *Über einige Motive bei Baudelaire* – dem einzigen geschriebenen Teil des neuen Baudelaire-Buches – von den alten Motiven einzig die Theorie der Menge übriggeblieben war, zeichnete sich mindestens seit Juni 1939 ab: spätestens zu diesem Zeitpunkt galten die vorstehenden Fragmente Benjamin für überholt; nicht zwar ihrem theoretischen Gehalt nach, aber als mögliche Bestandteile einer Umarbeitung des *Flaneurs,* die in *Über einige Motive bei Baudelaire* vorlag.

»Ich habe es mir nicht zweimal sagen lassen«, schrieb Benjamin an Gretel Adorno, als er an der neuen Arbeit saß, »daß Ihr es auch mit den extremsten meiner dem alten Fond entstammenden Überlegungen zu versuchen entschlossen seid.«[9] Der alte Fond: das ist das ursprüngliche Passagenprojekt von 1928, dessen Untertitel »Eine dialektische Feerie« lauten sollte und in dem Baudelaire als ein Thema neben anderen figurierte. Natur, Traum und Mythos waren Begriffe einer metaphysisch-theologisch inspirierten Theorie, der Benjamin in jener Epoche eines »unbekümmert archaischen, naturbefangenen Philosophierens«[10] noch nachhing. Mit *Das Paris des Second Empire bei Baudelaire* glaubte er, dieses Denken zugunsten eines dialektisch-materialistischen endgültig überwunden zu haben, als Adornos Kritik Benjamin zu einer »Nachprüfung der Gesamtkonstruktion«[11] seines Baudelaire-Projekts und schließlich zur Abfassung von *Über einige Motive bei Baudelaire,* der neuen Arbeit, veranlaßte. Die jetzt zugänglich gewordenen Fragmente zeigen Benjamin, wie er mit Überlegungen aus dem ›alten Fond‹ erneut experimentiert; sie muten den unbefangenen Leser wie Versuche an, solche Überlegungen für das neue Arbeitsvorhaben fruchtbar zu machen. Kaum zufällig wird die Märchenmetapher der Fee mehrfach herbeizitiert; wiederholt ist auch von einer Theologie des Müßiggangs die Rede. Die Gasbeleuchtung, eine technische Erfindung des 19. Jahrhunderts, wird nicht nur zur Soziologie der Großstadt herangezogen, sie führt auch zu barock anmutenden Spekulationen über das Universum. Und der Jude, dessen künftiges Schicksal Benjamin vollkommen gegenwärtig zu sein scheint, gibt zugleich das Exempel eines ›archaischen Bildes‹ ab. Der »air éternel« in einem Gedicht Baudelaires wird als ›Ewigkeit‹ wo nicht übersetzt, so interpretiert: »Es ist die des Mythos, die Ausgeburt der gefesselten Produktivkraft, die dem rückständigen Rechtsbrauch zu willen sein muß.« Es liegt auf der Hand, daß die Analyse eines »Lyrikers im Zeitalter des Hochkapitalismus« von der Fesselung der Produktivkraft in anderem Sinn zu handeln hatte, als indem sie sie unvermittelt der Welt des Mythos zuschlug. So haben die vorliegenden Fragmente in *Über einige Motive bei Baudelaire* denn auch keine Stelle mehr gefunden.

1 Theodor W. Adorno/Walter Benjamin, Briefwechsel 1928-1940, hrsg. von Henri Lonitz, Frankfurt a.M. 1994, S. 426. – 2 Vgl. Walter Benjamin, Gesammelte Schriften. Unter Mitwirkung von Theodor W. Adorno und Gershom Scholem hrsg. von Rolf Tiedemann und Hermann Schweppenhäuser, 7 Bde., Frankfurt a.M. 1972-1989; Bd. I · 3, S. 1134. – Auf diese Ausgabe wird im übrigen nur durch die Sigle GS mit folgender Band- und Seitenangabe verwiesen. – 3 Vgl. GS V · 2, S. 707. – 4 Die Herausgeber der *Gesammelten Schriften* haben die Geschichte der Überlieferung des Benjaminschen Nachlasses wiederholt dargestellt; auf diese Darstellungen sei hier verwiesen (vgl. vor allem GS I · 2, S. 758 ff., GS V · 2, S. 1067 ff. und GS VII · 2, S. 525 f.; auch Rolf Tiedemann, Dialektik im Stillstand. Versuche zum Spätwerk Walter Benjamins, Frankfurt a.M. 1983, S. 151 ff.). Benjamin hatte im Sommer 1940, bevor er Paris verließ, ihm besonders wichtige Manuskripte, darunter auch die ungedruckten Teile der Arbeit über Baudelaire, Georges Bataille anvertraut, der sie in der Bibliothèque Nationale versteckte. 1945 übergab Bataille sie dem mit Benjamin befreundeten Schriftsteller Pierre Missac, der sie Anfang 1947 an Adorno nach New York gelangen ließ. Dieser wie auch die Herausgeber der *Gesammelten Schriften* mußten davon ausgehen, daß hiermit alles in Paris Erhaltene von Benjamins Nachlaß in ihren Händen war; die im ersten Band der *Gesammelten Schriften* abgedruckten Baudelairiana beruhten auf den entsprechenden Materialien. Tatsächlich befand sich jedoch eine weitere Reihe Benjaminscher Manuskripte in der Bibliothèque Nationale, die Bataille seinerzeit, wahrscheinlich unbeabsichtigt, zurückgehalten hatte. Sie wurden im Juli 1981 von Giorgio Agamben gefunden und konnten von den Herausgebern der *Gesammelten Schriften* im Juni des folgenden Jahres eingesehen werden. Im letzten Band haben sie über die neu aufgetauchten Materialien ausführlich berichtet und daraus zitiert. Aber auch die Hoffnung der Herausgeber, die erhaltenen Baudelairiana wenigstens jetzt vollständig berücksichtigt zu haben, erwies sich als trügerisch: im Juli 1993 stellte Giorgio Agamben die im Vorstehenden gedruckten Fragmente Benjamins zum Baudelaire-Komplex freundlicherweise zur Verfügung. Während Agamben selbst die italienische Übersetzung der Texte in der von ihm besorgten Ausgabe »Opere di Walter Benjamin. Edizione italiana a cura di Giorgio Agamben« bei Einaudi publizieren wird, erscheint das deutsche Original, da die *Gesammelten Schriften* bereits 1989 abgeschlossen wurden, im Rahmen der *Frankfurter Adorno Blätter*. – 5 Das Original befindet sich im Besitz von Giorgio Agamben, Rom. Nach seiner Angabe handelt es sich um 15 Blätter im Format von 22,5 x 14 cm. Für die vorliegende Edition stand eine (teilweise schwer lesbare) Photokopie zur Verfügung. Der Abdruck gibt die Handschrift diplomatisch getreu wieder, ohne normierende Eingriffe in Orthographie und Interpunktion. Von Benjamin gestrichene Sätze und Wörter sind im Druck unberücksichtigt geblieben. Eckige Klammern [ ] stammen von Benjamin: er kennzeichnete damit Stellen, die durch das Folgende überflüssig geworden waren, ohne sich jedoch endgültig für eine der Formulierungsvarianten entscheiden zu wollen. Satzteile, die getilgt werden müssen, von Benjamin aber nicht gestrichen worden sind, wurden im Druck in geschweifte Klammern { } gesetzt. Hinzufügungen des Herausgebers, auch Ergänzungen, die Benjamin selber durch Siglen, die sich auf das Typoskript der ersten Baudelaire-Arbeit beziehen, forderte, sind in Winkelklammern ⟨ ⟩ gestellt worden. Zitatnachweise hat der Herausgeber nur dort hinzugefügt, wo Benjamin sie vorgesehen hatte. Die Anordnung der einzelnen Fragmente stammt vom Herausgeber. – 6 Auf das fragliche Typoskript (Benjamin-Archiv, Ts 1092-1124) und seine von Benjamin selber stammende handschriftliche Seitenzählung beziehen sich die mit »II« beginnenden Siglen; sie wurden vom Herausgeber durch die in Winkelklammern gesetzten Verweise auf die *Gesammelten Schriften* mit Bandangabe, Seiten- und Zeilenzahl ergänzt. – 7 Vgl. GS I · 3, S. 1093 ff. und S. 1101 ff. – 8 Vgl. GS I · 3, S. 1114. – 9 GS I · 3, S. 1122. – 10 GS V · 2, S. 1117. – 11 GS I · 3, S. 1106.

Walter Benjamin

Paris, 24. Januar 1939
Ein Literaturbrief

10, Rue Dombasle
24. Januar 1939.

Lieber Herr Horkheimer,
den wesentlichen Inhalt dieses Briefes macht ein politisch ausgerichteter Überblick über einige literarische Erscheinungen des Winters aus. Er illustriert die gleichzeitig Ihnen zugehende Sendung von vier Neuerscheinungen.

Bevor ich in diesen Bericht eintrete, möchte ich Ihnen für Ihren Brief vom 17. Dezember sowie für die Übersendung der Programmschrift des Instituts danken. Ich denke, es ist eine günstige Koinzidenz, die zwischen der Publikation dieser Schrift und der außenpolitischen Wendung von Roosevelt statt hat. Die Programmschrift bringt die reale Solidarität zum Ausdruck, die derzeit doch wohl tatsächlich zwischen den Arbeitsplänen des Instituts und denen der amerikanischen Demokratie besteht. Wie sehr ich den Wunsch hege, die Zwecke, die Sie mit dieser Publikation verfolgen, möchten in weitem Umfang verwirklicht werden, brauche ich Ihnen nicht zu sagen.

Ich war erfreut, den ersten bibliographischen Abriß meiner Sachen in Ihrer Schrift zu finden. Von den mehreren Veröffentlichungen, die das Institut für das Frühjahr ankündigt, erweckt das Thema der Untersuchung von Kirchheimer mir besondere Spannung. Dann aber war es für mich erfreulich, daß der Plan des philosophischen Lesebuches, den ich etwas verschattet glaubte, wieder ans Licht getreten ist. Für mich wurde er gleichzeitig in anderm Zusammenhange lebendig. Ich hoffe, Ihnen, wenn die Zeit gekommen ist, einige schöne Stellen aus Turgot für diese Auswahl liefern zu können.

Mit Turgot und einigen anderen Theoretikern habe ich mich beschäftigt, um der Geschichte des Fortschrittsbegriffs auf die Spur zu kommen. Ich nehme den Gesamtaufriß des Baudelaire, von dessen Revision ich Teddie Wiesengrund im letzten Brief verständigte, von der erkenntnistheoretischen Seite auf. Damit wird die Frage des Begriffs der Geschichte und der

Rolle wichtig, die in ihr der Fortschritt spielt. Die Zerschlagung der Vorstellung von einem Kontinuum der Kultur, die in dem Aufsatz über Fuchs postuliert wurde, muß erkenntnistheoretische Konsequenzen haben, unter denen mir eine der wichtigsten die Bestimmung der Grenzen scheint, die dem Gebrauch des Fortschrittsbegriffs in der Geschichte gezogen sind. Zu meinem Erstaunen fand ich bei Lotze Gedankengänge, die meinen Überlegungen eine Stütze bieten.

Meinen obenerwähnten Bericht beginne ich mit Nizans *Conspiration*. Daß Nizan, Redakteur an der *Humanité*, seine Versuche, proletarische Milieus zu schildern, vorerst aufgegeben hat, um es mit einem bürgerlichen zu versuchen, ist mit einem Seufzer der Erleichterung begrüßt worden. Daran war nicht nur die unglückliche Figur schuld, die in Nizans früheren Romanen die Arbeiter machten. – Man nannte Nizan unter den Kandidaten des Prix Goncourt; ihm ist dann der Prix Interallié zugefallen. Fragt man sich, was dem kommunistischen Publizisten so vielseitige Sympathien erwerben konnte, so darf man nicht bei den formalen Meriten des Buches stehen bleiben. Die Komposition ist geschickt, ja kunstvoll und die Formulierungen sind oft glücklich. Bestimmend für den Erfolg wurde etwas anderes: das Buch führt den politischen Roman auf den Bildungsroman französischer Observanz zurück. Es ist eine éducation sentimentale des Jahrgangs 1909. Dieses desillusionistische Buch zeigt an, daß nach der Meinung des Verfassers (sie dürfte für die der Parteifunktionäre charakteristisch sein) die Situation, die die Gründung der Volksfront und die vor allem die Fabrikbesetzungen inspirierte, der Vergangenheit angehört.

Lägen die Dinge anders, so brauchte sich das Gewebe, das im Laufe der Erzählung zerrissen wird, so fadenscheinig von Haus aus nicht darzustellen. Es handelt sich um die Verschwörung einer Handvoll Intellektueller, von denen keiner das fünfundzwanzigste Jahr überschritten hat. Die Spionagetätigkeit, der sich die Gruppe in militärischen und industriellen Organisationen verschrieben hat, bleibt chimärisch, ja bietet kaum Interesse. Der politische Standard des Landes erlaubt es nicht, das Problem des Spezialisten, wie es in der russischen Revolution aufgetreten ist, in halbwegs adäquater Weise zu entwickeln.

Der psychologische Vorwurf von Nizans Buch ist die Verfassung der linken Intelligenz in ihrem meist kleinbürgerlichen Nachwuchs. Nicht sowohl der Führer der Konspiration, der Abkömmling der Großbourgeoisie Bernard Rosenthal, ist die Hauptperson der Erzählung als der aus beschränkten Verhältnissen stammende Pluvinage. Während der erste seinem Dasein ein Ende macht, findet der zweite als Spitzel den Weg ins Leben. Die konspirative Aktivität ist für ihn nur ein kurzes Zwischenspiel. Wenn die ihm gewidmete Partie des Buches die beste ist, so dürfte man den Grund dafür darin suchen, daß einzig aus der Perspektive dieses Verworfenen der Ausblick auf die Bewegung des Proletariats geglückt ist. (So kann man durch ein zerbrochenes Fenster ins Freie schauen, wenn alle Scheiben mit einer dicken Eisschicht bezogen sind.) Das Buch hat seinen Höhepunkt im XXI. Kapitel: der Spitzel, der sich von den früheren Genossen traurig absondert, gibt einen Begriff von deren Verbundenheit. Was ihn betrifft, so kehrt er in den Bereich zurück, den Nizan als die coulisses de la vie bezeichnet. Er gehört von nun an in die Familie derer, denen Schleichwege vorgezeichnet sind, auf welchen sie die Welt umkreisen, die von andern gebildet wird. »Das Geheimnis der Polizei, so wird Pluvinage von seinem Mentor Massart belehrt, ist, daß es keine Geschichte gibt ... Kleine Chancen und kleine Leute stehen im Ursprung der Ereignisse ... Aber niemand kennt die Kulissen der Chance und die Geheimnisse der kleinen Leute«. (Seite 211) Niemand – es sei denn die Polizei und einige Berufe, die ihr verwandt sind. In einer bemerkenswerten Seite (Seite 218) hat der Verfasser die Komplizitäten dargestellt, die zwischen diesen verfemten Berufsgruppen – dem Spitzel, den Gefängnisbeamten, den Leichenbittern – und gewissen Teilen der Stadt Paris bestehen, in denen vorzugsweise die armen Leute wohnen.

Pluvinages Entschluß, sich zur Verfügung der Polizei zu stellen, fällt in den Winter 1931, in dem die Regierung darauf ausging, die kommunistische Partei einzuschüchtern. »Ich hatte mich, so begründet Pluvinage seinen Frontwechsel, einem Trupp zur Verfügung gestellt, dem der Sieg versprochen war; es schien mir untragbar, seine Niederlage ebenfalls zu meiner Sache zu machen.« (Seite 234) Die Worte klingen verräterisch an eine Stelle im Eingang des Buches an. Nizan kennzeichnet dort die Verfassung der jungen Leute, denen er nachgeht; er sagt von ihnen: »Sie liebten nur die Sieger und die da aufbauen; sie verachteten die Kranken, die Sterbenden und die verlorenen Posten. Nichts klang diesen jungen Leuten ... verführerischer ins Ohr als eine Philosophie, die, wie es der Fall der marxschen war, die künftigen Sieger in der Geschichte ihnen namhaft machte – die Arbeiter, welche, wie sie sich das dachten, den Sieg unfehlbar in der Tasche hatten.« (Seite 46) Die Anlage, die in dieser Charakteristik zur Geltung kommt, ist die nämliche, die in Pluvinage sich durchsetzt.

Vor mehr als zehn Jahren, da die Jugend noch von einer revolutionären Welle getragen war, hat Aragon gelegentlich für die vom Bürgertum herkommenden Genossen den Titel des Verräters als einen ehrenden vindiziert. Nizan verflicht eine kleine Geschichte des Surrealismus in seinen Text. Es gibt Stellen darin, die zwanglos in einer intellektuellen Biographie Aragons ihren Platz einnehmen könnten. »Später wird sich einmal ergeben, daß es ein historischer Moment war, da für die jungen Leute Rimbaud und Lautréamont ihren Thron zugunsten von Hegel und Marx einräumten.« (Seite 46) So stellt Bernard Rosenthal sich die Sache vor; so hat einmal auch Aragon gedacht. Wenn Nizan daran gelegen war, Entsprechungen zu insinuieren, die zwischen diesem höchst problematischen Ursprung der theoretischen und dem weit legitimeren Ursprung der moralischen Position bei den Surrealisten bestanden haben, so wählte er eine allzu bequeme These. Der communis opinio von rechts bis links geht sie allerdings nur um so besser ein.

Ein wohlmeinender Rezensent schrieb vor kurzem: »Nizan kennt einen notwendigen Zusammenbruch der Jugend, wie Freud einen solchen der Kindheit kennt.« Man kann nicht gründlicher in die Irre gehen. Wenn die Elite der bürgerlichen Jugend den Weg zum Proletariat vergebens sucht, so ist nicht »das Wesen« der Jugend daran schuld. (Das könnte der Bourgeoisie so passen – und der proletarischen Führung am Ende auch.) Entscheidend ist, daß die Aktion der Arbeiterklasse ihre werbende Kraft bei den besten Elementen des Bürgertums eingebüßt hat. Die Isolierung des Proletariats gehört zu den Fakten, die die Niederlage vorhersehen ließen und an ihr stark wurden. Dieser Isolierung Rechnung getragen zu haben, macht den Erfolg, ihre Analyse zu unterschlagen, die Funktion dieses Buches aus. Es ist mit der Zurückhaltung zu beurteilen, die seiner Begünstigung durch die bürgerliche Presse entspricht.

Der gegenwärtige Dekompositionsprozeß in der französischen Literatur bringt selbst Keime, die einer lang andauernden Entfaltung bestimmt schienen, um ihre Kraft. Ich denke an die Intentionen von Apollinaire, die wohl über den Surrealismus hinaus hätten wirken können. Apollinaire verband auf fesselnde Weise den Typ des chercheur et curieux mit einer Intelligenz, die von Hause aus gegen den bourrage de crâne vom héritage culturel gefeit war. Queneau erinnert an ihn von fern. Die Schnödigkeit, die bei ihm mit einer ausgebreiteten, im Medium der Phantasie sich bewegenden Erudition zusammen geht, würde die Nachfolge Apollinaires nicht verunzieren. Queneau kommt aber über Ansätze nicht hinaus. Seine

Gueule de pierre, an die ich zuerst geriet, hatte mich durch Unverständlichkeit eingeschüchtert. Die *Enfants du limon,* die ich Ihnen sende, gewährten mir um so bequemeren Zugang. Freilich bezweifle ich, daß es Leser, denen es sich nicht so bequem erschließt, gewinnt. Daß es Sie zu einer kursorischen Lektüre veranlaßt, könnte ich mir wohl vorstellen, vorausgesetzt allerdings, daß auch Sie an dem Stofflichen einiges Interesse nehmen. Wenn Sie das septième livre (Seite 223) mustern, so stoßen Sie auf das informatorisch Interessanteste. Wollen Sie danach das livre premier bis zum chapitre X anschauen, so haben Sie von den kurzweiligsten Partien des Buches eine Vorstellung.

Die Gattung, die hier begründet wird, ist die ausgefallenste. Man kann sie als bibliographie romancée bezeichnen. Mir imponiert die Dokumentation des Verfassers, die ich hie und da verifizieren kann. Sein Held macht einen Katalog der Bücher von Geisteskranken. Er nennt ihn: Encyclopédie des sciences inexactes. – Wenn mich das früher genannte Buch perplex ließ, so erkenne ich nun, daß der Autor Anlaß hat, sich nicht in die Karten sehen zu lassen. Er hat das Bluffen von Apollinaire gelernt, aber seine Trümpfe sind nicht komplett. Tel quel entspricht das Buch recht genau dem, was Paulhan, der Redakteur der *N.R.F.,* den Sie aus *Mesures* kennen, zu goutieren im Stande ist.

Es wird Sie nicht wundern, daß die *N.R.F.,* die sich unserer Sache imperméable gezeigt hat,* in einem Sonderdruck das collège de sociologie mit Bataille, Leiris und Caillois vorstellt. Wir haben Michel Leiris vor Jahren gemeinschaftlich bei Landsberg vor uns gehabt. Er gruppiert unter dem Titel *Le Sacré dans la Vie Quotidienne* einige Kindheitserinnerungen. Caillois tummelt sich weiter in Zweideutigkeiten. Sein Beitrag *Le Vent d'Hiver* feiert den »scharfen Wind«, unter dessen Frosthauch alles Schwächliche eingehen muß und in dem die Tauglichen an den nicht von Scham geröteten Wangen einander erkennend sich zu einer Herrenkaste zusammenschließen. Kein Sterbenswort situiert diese Darlegungen in der Wirklichkeit. Es versteht sich, daß dieses Schweigen besser als jedes Bekenntnis Bescheid gibt. – Die *N.R.F.* bekundet mit diesem Sonderdruck, mit welcher politischen Ausrichtung die Entschiedenheit erkauft ist, mit

---

* à pur titre de curiosité füge ich hinzu: auch für das Unternehmen von Johannes Schmidt. Groethuysen hat es sich nicht nehmen lassen, auch diese Angelegenheit zu der seinen zu machen, das heißt unschädlich.

der sie in der europäischen Krise vom September gegen den französischen Pazifismus Partei ergriff. Sie legitimiert zugleich den Zweifel, den man in die Solidität ihrer Entscheidung setzen konnte.

Sie werden das letzte Heft der *Gazette des Amis des Livres* bekommen haben, in dem Adrienne Monnier dem Antisemitismus entgegentritt. Es versteht sich, daß man bei seiner Lektüre zuerst an das eingesessene Bürgertum des quartiers und an einen Teil des Faubourg St.-Germain denken muß, die ihre Kundschaft bilden. Das sind Leute, die nicht wissen wollen und die durch Leidenschaft der Sprache und Anschaulichkeit der Berichte indisponiert worden wären. Mir blieb dennoch bei der Lektüre ein eigentümliches Unbehagen. Das entkräftete moralische Bewußtsein der Menschheit braucht vor allem Nahrung – nicht Arzenei. Die Worte sind da sämtlich präzis erwogen, die Argumente genau dosiert. Aber es fehlen der Schrift die Stoffe, die sich von einem größeren Kreise von Lesern assimilieren lassen. Die heiligen Schriften der Indogermanen mögen die irdischen Güter so hoch stellen wie sie wollen – mit diesem Hinweis wird man das Bild vom ewigen Börsenjuden, der mit dem Sack voll Gold über die Erde trollt, nicht aus den Köpfen der Leute herausbefördern.

Bei alledem darf man nicht übersehen, daß es sich in der Schrift der Monnier um eine Auffangstelle in der Abwehr des Antisemitismus handelt. Sie stellt vor allem den Versuch dar, die derzeit bedeutende Position von Jules Romains für die Sache nutzbar zu machen. Sie ist in engem Kontakt mit ihm geschrieben. Und Romains ist der directeur de conscience von Daladier. Aus diesem Grunde hat die Folge von Vorträgen, die Romains gleichzeitig mit dem genannten Heft herausgab, als Informationsquelle Wert. Das erste, was an den vier Kundgebungen auffällt, die aus der Zeit zwischen dem 30. Oktober und dem 10. Dezember [1938] stammen, ist die Verschiebung in der Position des Verfassers selbst. Was in der ersten Ansprache an die anciens combattants als passables Arrangement erscheint, ist in der letzten vor einem mondänen Publikum zu einer großen déconvenue (Seite 120) geworden. Darin spiegelt sich eine entsprechende Modifikation der öffentlichen Meinung. Die Ausrichtung auf das Imperium, das der Hauptgegenstand des letzten Vortrages ist, läßt in dem Passus über eine französische Einwanderungspolitik (Seite 128) die Verzahnung zwischen der Position von Romains und dem Text der Monnier erkennen. Was die Ausschreitungen der Nationalsozialisten gegen die Juden angeht, so prägt sich in dem vorsätzlichen und vernehmlichen Schweigen des letztgenannten immerhin eine andere Haltung aus als in dem grauenhaften Euphemismus, mit dem Romains (Seite 70) diese Dinge umspielen zu können glaubt. Romains' Frau ist Jüdin. Seine Anwesenheit bei dem Empfang, den der deutsche Außenminister hier gab, ist bemerkt worden. (Die Einladungen zu diesem Empfang waren in deutscher Sprache abgefaßt; das war für Valéry Grund genug, nicht zu erscheinen.)

Nichts wirft auf dieses Feld ein so trübes Licht, als daß es Duhamel ist, welcher in ihm Romains als Widersacher entgegentritt. Ein wahrer politischer Gegensatz besteht zwischen den beiden nicht. (Wie eng insbesondere Duhamels kulturpolitischer Horizont ist, habe ich in dem Aufsatz über das Kunstwerk im Zeitalter seiner technischen Reproduzierbarkeit beiläufig angedeutet.) Aber Duhamel ist wenigstens der akuten Gefahr gegenübergetreten, die das Schweigen zu den nationalsozialistischen Missetaten für Frankreich mit sich bringt. Der accord de presse, der zwischen den beiden Regierungen geplant ist, hat an Duhamel einen bisher unversöhnlichen Gegner gehabt. Romains geht auf diese Frage mit keinem Wort ein. Schwerlich kann man aus der Stelle, an der er auf den deutschen Wunsch anspielt, in Frankreich »eine starke Regierung« am Werk zu sehen (Seite 78), eine beherzte Absage an die Einladung lesen, die der Faschismus derart an das Land ergehen läßt.

Romains hat sich als Schriftsteller in eben dem sens unique bewegt, in dem die Laufbahn eines Clémenceau vonstatten gegangen ist. Daß er von links, und von wie weit her er gekommen ist, davon kann man sich den besten Begriff verschaffen, wenn man seinen *Vin blanc de la Villette* wieder liest. Diese Erzählung ist im Anschluß an eine Krise der Vorkriegsjahre entstanden, bei der im Angesicht eines drohenden Generalstreiks Truppen in der Hauptstadt zusammengezogen wurden. Sie schildert, was dabei im Kopfe eines gemeinen Soldaten vorgeht, der einem der fraglichen Detachements angehört. Was der front populaire hätte sein können, entnimmt man diesem Buche besser als irgendeinem derer, die vor drei Jahren als Schrittmacher dieser Formation aufgetreten sind.

Wenn man bedenkt, wie aussichtslos die Lage Frankreichs in Europa ist, so wird man dem außenpolitischen Programm von Romains – dem Ausgedinge im Imperium – vielleicht nicht entgegentreten. Ich weiß nicht, ob es mit den Interessen der Arbeiterklasse unvereinbar wäre. Indem aber diese Interessen nirgends zu Worte kommen, geschweige denn die Bedeutung, die sie für die Rettung der europäischen Zivilisation haben, bleibt die Schrift in der Kabinettssphäre, aus der sie hervorgegangen ist. Es ist eine stickige Atmosphäre, nicht die der Galerien des Quai d'Orsay, sondern eher eines Büros in der Préfecture. Thérive bemerkte zu der Philosophie des Polizeisekretärs in Nizans Roman, sie sei nicht weit ab von der des Autors, der die *Hommes de bonne volonté* geschrieben habe. Sie verleugnet sich ganz gewiß nicht in diesem Bändchen. Es ist kein Zufall, daß es diese Denkweise ist, die, mit den vierzehn Bänden jenes Romanwerks, in Frankreich den universalsten Ausdruck fand. Sie ist bei aller Gewandtheit höchst beschränkt und bei aller Logik voller Verschlagenheit.

Reineren Wein bekommt man bei Jacques Madaule eingeschenkt, der in der Dezembernummer von *Esprit* einen Aufsatz unter dem Titel *Le préfascisme français* veröffentlicht. Ich setze einige seiner treffendsten Formulierungen hierher. Über Daladier: »Seine Absichten sind vielleicht ausgezeichnet; auch Brüning hat große Qualitäten gehabt. Das kann aber nicht darüber hinwegtäuschen, daß Daladier le contraire d'un chef ist; seinem Mangel an Entschlußkraft kommt nichts gleich als die Energie seiner Formulierungen.« – Über den im Dezember noch bevorstehenden Kongreß der CGT: »Jouhaux wird das Unmögliche leisten, um die Einheit des Syndikalismus zu retten. Wir wollen annehmen, daß das glückt. Wir werden dann eine rissige Fassade mehr haben.« – Über Flandin: »Ein Faschismus, der kein anderes Programm hätte als fortlaufend zu kapitulieren, um im Genuß gewisser Besitztümer zu bleiben, wäre ein ziemlich origineller Faschismus.« – Über die innerpolitische Lage: Frankreich »lebt nicht allein in der Welt..., seine Grenzen sind nicht undurchdringlich. Der Faschismus könnte dem Lande sehr wohl von außen aufgezwungen werden. Das müßte nicht notwendigerweise durch einen Krieg geschehen«. Und: »Das französische Proletariat ist noch weniger im Stande als das anderer Länder, aus eigener Kraft einer Koalition der Mittelklassen und der Großbourgeoisie standzuhalten.« Die Schlußsätze des Aufsatzes: »Die tödliche Unentschlossenheit, in der wir Frankreich zur Zeit erblicken, zeigt, daß das Land noch auf eine andere Lösung als den Faschismus hofft. Wir, die wir wissen, was wir wollen, und noch besser wissen, was wir nicht wollen, müssen die Energie aufbringen, damit das kommende Frühjahr nicht den Zusammenbruch der letzten Freistatt der Menschen im kontinentalen Europa sehe.«

An den Schluß dieses Überblicks setze ich das letzte Buch von Claudel, das ich durch einen glücklichen Zufall einsehen konnte. – Am 1. Juli 1925 gaben die Surrealisten ein Flugblatt *Lettre ouverte à M. Paul Claudel ambassadeur au Japon* heraus. Darin hieß es: »Für uns kann weder von Ausgeglichenheit noch von großer Kunst die Rede sein. Die Idee des Schönen geht längst zur Rüste. Unangefochten bleibt nur die moralische Idee – zum Beispiel das Wissen darum, daß einer nicht gleichzeitig französischer Botschafter und Dichter sein kann.« – Der Juwelier Cartier, 13, Rue de la Paix, gibt soeben eine *Mystique des pierres précieuses* heraus, die Claudel für ihn geschrieben hat. Das Wort ›herausgeben‹ ist wohl nicht am Platze; ausgefolgt wird die Schrift an Juwelen-, nicht an Bücherkäufer. Sie befindet sich nicht im Handel. Sie beabsichtigt nicht, den Leser über die Mystik der Edelsteine, wie sie im Verlauf der Geschichte hervortrat, zu unterrichten. (Die wichtigste Quelle, der Byzantiner Psellos, ist nicht erwähnt.) Claudel hat sich in erster Linie vor eine diplomatische Aufgabe gestellt gesehen: den Botschafter eines Juweliers bei seinen Kunden zu machen. Die Frage, ob dergleichen statthaft ist, mag für den Kasuisten ihren Reiz haben. Sie liegt anders als die von den Surrealisten aufgeworfene, legt auch nicht notwendig eine schnellfertige Antwort nahe. Der Inhalt des schmalen Bandes enthebt den Leser leider gänzlich der Mühe, ihr nachzugehen. Wie Claudel die Sache in Angriff nahm – stur, ohne die mindeste Ironie – kommen die wenigst annehmbaren Seiten eines derartigen Unternehmens auf Kosten aller übrigen zur Geltung. Claudel kennt die Kunstgriffe der Exegese. Aber die Bedingungen, unter denen sie angemessen wirkt, entgehen ihm. Ohrringe als Allegorie, zum Beispiel, nehmen sich bei ihm folgendermaßen aus: »Sie sind ... rechts und links vom Haupte die beiden Warner, die empfindlichen, zart anklingenden, sie sind die durchdringenden Ratschläge Gottes, die uns Menschen ununterbrochen zur Seite sind, die intelligiblen Feuer der Gnade selbst.« (Seite 38)

Wie der Stifter auf alten Bildern kommt Cartier in dem Buche vor. Diese Stelle heißt ihrem Wortlaut nach: »Da bin ich nun bei dem größten Juwelier von Paris, bei einem der Männer, wie das Evangelium sie lobt und deren Handwerk es ist..., dem Meere selbst dieses sein mystisches Fabrikat abzufordern – die Perle –, die Antwort..., die dem Schauer erwidert, der da als Gottes Blick von einem Horizont zum andern sich gleiten läßt... Ein armer Teufel – blind und taub ist er, das Gewicht der Wassermassen hat sein Trommelfell gesprengt – fand sie mit Tasten in der Tiefe. Und nun halte ich sie, diese jungfräuliche, engelhaft geschaffene in der hohlen Hand – diese heilige Nichtigkeit.« (Seite 30/31) Das ist ein Tryptichon. Ist es der heimliche Sinn dieser Werbeschrift, die wahrhaft mystische Kongruenz der gesellschaftlichen und der theologischen Stufenleiter zu etablieren, so ist mit dieser Bilderfolge das Stück gelungen. Da ist der Händler, der seinen Platz im Schatten des Evangeliums hat; da ist der Proletarier, welchem das Trommelfell in einem Nachhall des Fluches gesprungen ist, der seinen Vorläufer, Satan, einst von Gottes Thron her getroffen hat; endlich ist da der Käufer, der Mann, an den diese neue Seligpreisung gerichtet ist.

Man steht nicht an, ihm, dem Kunden, die Gleichnisse Jesu mit in den Kauf zu geben. In der Perle erscheint demnach das mystische Senfkorn des Evangeliums. Es ist zwar, so sagt Matthäus, das kleinste von allen Samenkörnern; ist es aber ausgewachsen, so ist es größer als alle Gartenkräuter und wird ein solcher Baum, daß die Vögel des Himmels kommen und in seinen Zweigen nisten. Was dem Garten widerfährt, ist ein Kinderspiel gegen die Wundertaten der Perle im Wirtschaftsleben. Nach einer Schilderung des raffenden Kapitals, die mit Ekel von all dem Blute spricht, das an Pfennigen klebt, die Aktie aber als einen Anachronismus beiseite läßt, heißt es weiter: »Der Pfennig hat seinen Tauschwert, das Gesetz schreibt ihn vor, aber die Justitia garantiert ihn. Die Perle aber, die Ausgeburt der Dauer und Frucht des Meers, hat keinerlei anderen Wert als ihre Schönheit ... Ihr Erscheinen auf dem Markte entwertet alle übrigen Güter; sie verändert deren Preis; sie bringt Unruhe über die Banken, sie bedroht das Gleichgewicht ihrer Transaktionen. Denn sie führt ein Element mit sich, das jeder Zahl entgeht: ich spreche von jener spirituellen Begehrlichkeit, die aus der Kontemplation hervorgeht.« (Seite 29/30) – Claudel lädt den Kunden mit dem Mesnerglöckchen in die boutique ein. Man mag die Ahnung nicht länger von sich weisen, daß der Friede, den wir genießen, nach der rue de la Paix genannt ist.

Und wie lange wird er andauern? Sollte er das Frühjahr überleben, so hoffe ich zuversichtlich, es wird uns zusammenführen. Ich sage mir, daß die Weltausstellung eine Anzahl wichtiger Leute nach New York führen wird. Werden Sie sich nicht dennoch auf einige Zeit für Europa freimachen können? Ich wünsche es mir.

Ihnen wünsche ich vor allem, daß die Ihrigen von den dunkelsten Schrecken möchten verschont bleiben.

Vor zwei Tagen kam Germaine Krull nach Paris. Ich fand sie einigermaßen munter; zuversichtlicher als das letzte Mal.

In diesen Tagen gehen drei ausführliche Buchanzeigen an Löwenthal: Hönigswald: *Philosophie und Sprache;* Dimier: *De l'esprit à la parole;* Sternberger: *Panorama.* – Für die Publikation der Anzeige in der letzten Nummer wählte ich ein Anagramm meines Namens: J.E. Mabinn. Ich

hoffe, daß es im Verein mit der Ortsangabe für die Kenner der Zeitschrift durchsichtig genug ausgefallen ist.
Ich schließe mit den herzlichsten Grüßen.

Ihr
Walter Benjamin

PS Gehen Sie wirklich, wie es nach Ihrem Postskript scheinen könnte, mit einer Verlegung des Institutssitzes um? An Europa denken Sie doch wohl nicht?

ÜBERLIEFERUNG Original: Typoskript mit handschriftlicher Unterschrift und handschriftlichem Postskriptum; Max-Horkheimer-Archiv, Frankfurt a.M. – Druckvorlage: Photokopie.

Literaturbrief: Von 1937 bis 1940 schrieb Benjamin in größeren Abständen Briefe an Max Horkheimer, um diesen und die Mitarbeiter des International Institute of Social Research in New York über französische Neuerscheinungen und das literarische Leben in Paris zu informieren; diese *Literaturbriefe* waren nicht zur Veröffentlichung bestimmt.

Brief vom 17. Dezember / Programmschrift des Instituts: Horkheimers Brief vom 17.12.1938 ist unveröffentlicht. Bei der Programmschrift handelt es sich um eine gedruckte Broschüre *International Institute of Social Research. A Report on its History, Aims, and Activities 1933-1938,* die 1938 in der Columbia University Press in New York erschienen ist.

Wendung von Roosevelt: Nach dem Judenpogrom in Deutschland war im November 1938 der amerikanische Botschafter aus Berlin zurückgerufen worden.

bibliographischer Abriß meiner Sachen: Die erwähnte Programmschrift enthält »Select Bibliographies« der wichtigsten Mitarbeiter des Instituts, darunter S. 27 eine solche von Benjamins Schriften.

Untersuchung von Kirchheimer: Unter dem Titel »Books published or in Press« findet sich (S. 13 f.) die Ankündigung: »Otto Kirchheimer, *Punishment and Social Structure* (to be published by the Columbia University Press in January, 1939).«

Plan des philosophischen Lesebuches: Das in der Programmschrift mitgeteilte »Research Program« führt (S. 19) an zweiter Stelle auf: »A Text and Source Book for the History of Philosophy«. Schon im Mai 1936 hatten Horkheimer und Herbert Marcuse Benjamin gebeten, zu einem »Lesebuch, das materialistische Lehren der abendländischen Philosophie von der Antike bis zum Ende des XIX. Jahrhunderts enthält«, beizutragen (vgl. Max Horkheimer, Gesammelte Schriften, Bd. 15: Briefwechsel 1913-1936, hrsg. von Gunzelin Schmid Noerr, Frankfurt a.M. 1995, S. 517 ff.). Verwirklicht wurde der Plan nicht.

Geschichte des Fortschrittsbegriffs / Gesamtaufriß des Baudelaire: Mit dem ›Baudelaire‹ ist Benjamins aus dem Passagenwerk abgezweigter Buchplan *Charles Baudelaire. Ein Lyriker im Zeit-*

alter des Hochkapitalismus gemeint, von dem er im Herbst 1938 den mittleren Teil, »Das Paris des Second Empire bei Baudelaire«, als Auftragsarbeit der *Zeitschrift für Sozialforschung* fertiggestellt und nach New York geschickt hatte. Nachdem Adorno den Text in einem Brief vom 10.11.1938 eingreifender Kritik unterzogen hatte (vgl. Theodor W. Adorno/Walter Benjamin, Briefwechsel 1928-1940, hrsg. von Henri Lonitz, 2. Aufl., Frankfurt a.M. 1995, S. 364 ff.), erklärte Benjamin in seiner Antwort am 9.12.1938: »Eine Nachprüfung der Gesamtkonstruktion [wird] mein erstes sein« (ebd., S. 383). Die erkenntnistheoretische Bestimmung der Grenzen, *die dem Gebrauch des Fortschrittsbegriffs in der Geschichte gezogen sind,* ist nicht unmittelbar in die Fortsetzung des ›Baudelaire‹ eingegangen, sondern führte zu den Thesen *Über den Begriff der Geschichte,* Benjamins letzter Arbeit; seine Beschäftigung mit Turgot hat dagegen nur einen Niederschlag in den Aufzeichnungen und Materialien zum Passagenwerk gefunden (vgl. Benjamin, Gesammelte Schriften. Unter Mitwirkung von Theodor W. Adorno und Gershom Scholem hrsg. von Rolf Tiedemann und Hermann Schweppenhäuser, Bd. V · 1, 3. Aufl., Frankfurt a. M. 1989, S. 596 ff. – Auf die siebenbändige Ausgabe der »Gesammelten Schriften« Benjamins wird im folgenden mit der Sigle GS und der Bandziffer verwiesen.).

im letzten Brief: Der erwähnte Brief vom 9.12.1938 an Adorno; vgl. Adorno/Benjamin, Briefwechsel, a.a.O., S. 376 ff.

Aufsatz über Fuchs: Benjamins Aufsatz *Eduard Fuchs, der Sammler und der Historiker,* in: Zeitschrift für Sozialforschung 6 (1937), S. 346 ff. (Heft 2); jetzt GS II · 2, S. 465 ff.

Lotze: Über Benjamins Befassung mit dem Philosophen Rudolf Hermann Lotze (1817-1881) vgl. die zweite der Thesen *Über den Begriff der Geschichte* (GS I · 2, S. 693) sowie vor allem das Passagenkonvolut »N: Erkenntnistheoretisches, Theorie des Fortschritts« (GS V · 1, S. 599 f.).

Nizans Conspiration: Vgl. Paul Nizan, La Conspiration. Roman, Paris 1938. – Daß die im folgenden in Benjamins eigener Übersetzung zitierten Passagen sich in der 1975 erschienenen deutschen Ausgabe (vgl. Nizan, Die Verschwörung. Roman, übertr. von Lothar Baier, München 1975) wörtlich wiederfinden, ist keinerlei prästabilierter Harmonie zu danken, sondern erklärt sich aus der Tatsache, daß dem Rogner & Bernhard Verlag Benjamins *Literaturbrief* naiverweise zugänglich gemacht worden war.

Nizans frühere Romane: Vgl. Paul Nizan, Antoine Bloyé, Paris 1933, und ders., Le Cheval de Troie, Paris 1935.

Gründung der Volksfront / Fabrikbesetzungen: Das Volksfrontbündnis aus Kommunisten, Sozialisten und Radikalsozialisten hatte im April 1936 die Parlamentswahlen gewonnen; im Gefolge des Wahlsiegs kam es zu einer großen Streikwelle, die auch unter der Regierung Blum mit ihren weitgehenden Wirtschafts- und Sozialreformen nur langsam abebbte. Im März 1937, nachdem fünf kommunistische Demonstranten in Clichy getötet worden waren, rief der CGT den Generalstreik aus.

Aragon / Titel des Verräters: Benjamin zitiert diese Erklärung Aragons auch in der Ansprache *Der Autor als Produzent* (vgl. GS II · 2, S. 701).

Gueule de pierre: Vgl. Raymond Queneau, Gueule de pierre, Paris 1934.

Enfants du limon: Vgl. Raymond Queneau, Les Enfants du Limon, Paris 1938.

Bücher von Geisteskranken: Vgl. Benjamins so betitelten illustrierten Aufsatz von 1928; jetzt GS IV · 2, S. 615 ff.

Paulhan: Über Benjamins Erfahrungen mit Jean Paulhan (1884-1968), der seit 1925 die *Nouvelle Revue Française* leitete und eine maßgebliche Rolle im Verlag Gallimard spielte, vgl. Walter Benjamin 1892-1940. Eine Ausstellung des Theodor W. Adorno Archivs Frankfurt a.M. in Verbindung mit dem Deutschen Literaturarchiv Marbach a.N., bearbeitet von Rolf Tiedemann, Christoph Gödde und Henri Lonitz, 3. Aufl., Marbach a.N. 1991, S. 235 f.

N.R.F. / unsere Sache / Groethuysen: Horkheimer verfolgte seit Mitte der dreißiger Jahre den Plan, eine französische Ausgabe seiner Aufsätze aus der *Zeitschrift für Sozialforschung* unter dem Titel »Essais de philosophie matérialiste« im Verlag Gallimard (auf dessen Büchern auch *N.R.F.,* die Initialen seiner wichtigsten Zeitschrift standen) zu veröffentlichen; Benjamin verhandelte darüber mit Bernhard Groethuysen (1880-1946), dem Berater Gallimards in Fragen deutschsprachiger Literatur. Schon im November 1937 hatte Benjamin Horkheimer geschrieben: »Groethuysen, inkalkulabel wie je, scheint bei der *N.R.F.* nichts zu unternehmen. Man könne, so lautet die Formulierung nunmehr, bei einem Buch, das von der *N.R.F.* angenommen sei, doch eines bestimmten Erscheinungstermins niemals sicher sein. Das Beste sei, das Buch erscheine bei Alcan.« Die Ausgabe kam weder bei Alcan, dem Verlag der *Zeitschrift für Sozialforschung,* noch bei Gallimard zustande.

das Unternehmen von Johannes Schmidt: Bereits im April 1938 hatte Benjamin an Horkheimer berichtet: »Johannes Schmidt [...] gibt vom Sommer ab eine Zweimonatszeitschrift heraus. Aus seiner Mitteilung, sie sei für zwei Jahre finanziell gesichert, schließe ich, daß die Partei dahinter steht. Das Mitarbeiter-Ensemble präsentiert sich als die gutbürgerliche Mischung, die man derzeit in beinah identischer Zusammenstellung in den Organen des rechten wie linken Flügels der Emigration findet.« Von Benjamin ist in der von Johann-Lorenz Schmidt (eig. László Radvanyi, geb. 1900) in Paris herausgegebenen *Zeitschrift für freie deutsche Forschung* 1938 eine Rezension erschienen.

N.R.F. / Sonderdruck / collège de sociologie: Es handelt sich um No 298 der *Nouvelle Revue Française* vom 1.7.1938, deren Hauptteil »Pour un collège de sociologie« überschrieben ist und, neben *L'apprenti-sorcier* von Georges Bataille (S. 8 ff.), die im folgenden von Benjamin erwähnten Texte von Michel Leiris (S. 26 ff.) und Roger Caillois (S. 39 ff.) enthält. – An den Veranstaltungen des 1937 gegründeten Collège de sociologie hat Benjamin gelegentlich als Zuhörer teilgenommen.

Landsberg: Der im Konzentrationslager ermordete Philosoph Paul Ludwig Landsberg (1901-1944), ein Schüler Max Schelers, emigrierte nach Paris und war gelegentlicher Mitarbeiter der *Zeitschrift für Sozialforschung.*

europäische Krise vom September: Die sogenannte Sudetenkrise, die zur Münchner Konferenz im September 1938 führte, auf der Daladier und Chamberlain, die Ministerpräsidenten Frankreichs und Großbritanniens, Hitler die Annexion der sudetendeutschen Gebiete der Tschechoslowakei zugestanden.

Gazette des Amis des Livres / Adrienne Monnier: Die Schriftstellerin und Buchhändlerin Adrienne Monnier (1892-1955) war mit Benjamin befreundet, der bereits 1932 einen Text von ihr übersetzte. In der von Monnier herausgegebenen, heute äußerst seltenen Zeitschrift *Gazette des amis des livres,* einer Art Hauszeitschrift ihrer Buchhandlung in der rue de l'Odéon, wurde im Mai 1940 auch der letzte Text Benjamins veröffentlicht, der zu seinen Lebzeiten erschienen ist.

Folge von Vorträgen: Vgl. Jules Romains, Cela dépend de vous, Paris 1939.

Aufsatz über das Kunstwerk im Zeitalter seiner technischen Reproduzierbarkeit: Seinerzeit war Benjamins Aufsatz nur in französischer Übersetzung veröffentlicht: *L'œuvre d'art à l'époque de sa reproduction mécanisée* (Zeitschrift für Sozialforschung 5 [1936], S. 40 ff. [Heft 1]; jetzt GS I · 2, S. 709 ff.). Vgl. die deutsche Fassung GS I · 2, S. 471 ff.; die Stelle über Georges Duhamel (1884-1966) ebd., S. 502-504.

Vin blanc de la Villette: Vgl. Jules Romains, Le Vin Blanc de la Villette, Paris 1923.

Hommes de bonne volonté: Romains' 27bändiger Romanzyklus (1932-1946), sein Hauptwerk.

Formulierungen.«: Jacques Madaule, Le préfascisme français, in: Esprit, 7ᵉ année No 75, 1ᵉʳ décembre 1938, S. 337.

haben.«: Ebd., S. 342.

Faschismus.«: Ebd., S. 330. – Daß die Formulierung auf Pierre Etienne Flandin (1889-1958) von der Alliance Démocratique, den späteren Außenminister in der Vichy-Regierung gemünzt sei, ist Benjamins Interpretation.

geschehen«.: Ebd., S. 338.

standzuhalten.«: Ebd., S. 334.

sehe.«: Ebd., S. 342.

das letzte Buch von Claudel: Vgl. Paul Claudel, La Mystique des pierres précieuses, Paris s.d. [1938]; jetzt in: Claudel, Œuvres en prose. Préface par Gaëtan Picon, edition établie et annotés par Jacques Petit et Charles Galpérine, Paris 1965, S. 339 ff. (Bibliothèque de la Pléiade. 179.) – Die von Benjamin im folgenden zitierten Stellen finden sich in der Pléiade-Ausgabe auf den Seiten 351, 354 und 352.

das mystische Senfkorn des Evangeliums: Vgl. Matth. 13$_{32}$.

die Ihrigen: In dem vorangegangenen Brief vom 17.12.1938 hatte Horkheimer geschrieben: »Ihre Vermutung, daß ich Verwandte in Deutschland habe, ist richtig. Nicht bloß werde ich von zahllosen Verwandten und Bekannten um Hilfe angerufen, sondern meine Eltern selbst sind beide noch am Leben. Mein Vater ist achtzig, meine Mutter siebzig Jahre alt. Da ich das einzige Kind bin, macht mir die Sache nicht wenig zu schaffen. Bis zu den jüngsten Ereignissen haben sich die alten Leute gut gehalten und keine Bitte wegen Auswanderung an mich gerichtet. Jetzt hat sich natürlich auch dies geändert.«

Germaine Krull: Mit Horkheimer und Benjamin befreundete Photographin (1897-1984).

drei ausführliche Buchanzeigen / Löwenthal: Die Rezensionen der im folgenden genannten Bücher sind in der *Zeitschrift für Sozialforschung,* deren Besprechungsteil von Leo Löwenthal

(1900-1993) redigiert wurde, nicht mehr erschienen und blieben zu Lebzeiten Benjamins ungedruckt; die Texte vgl. jetzt GS III, S. 564 ff., S. 569 ff. und S. 572 ff.

Anzeige in der letzten Nummer: Vgl. J.E. Mabinn, [Sammelbespr.] Roger Caillois, L'Aridité; Julien Benda, Un régulier dans le siècle; Georges Bernanos, Les grands cimetières sous la lune; Gaston Fessard, Le dialogue catholique-communiste est-il possible? in: Zeitschrift für Sozialforschung 7 (1938), S. 463 ff. (Heft 3); jetzt GS III, S. 549 ff.

Ihr Postskript: Horkheimer hatte am 17.12.1938 an Benjamin geschrieben: »Ich hoffe sehr, daß Sie so oder so eines Tages in derselben Stadt sich aufhalten werden, in der auch das Institut seinen Sitz hat. Wo das sein wird, steht freilich dahin.« Möglicherweise dachte Horkheimer damals schon an eine Verlegung des Instituts für Sozialforschung nach Kalifornien, die tatsächlich erst 1941, nach Benjamins Tod, vorgenommen wurde.

Walter Benjamin

Notizen zu einer Arbeit über die Kategorie der Gerechtigkeit

Jedem Gute, als in der Zeit- und Raumordnung eingeschränktem, kommt Besitzcharakter als Ausdruck seiner Vergänglichkeit zu. Der Besitz aber, als in der gleichen Endlichkeit befangen, ist immer ungerecht. Daher kann auch keine wie immer geartete Besitzordnung zur Gerechtigkeit führen.

Vielmehr liegt diese in der Bedingung eines Gutes, das nicht Besitz sein kann. Dies ist allein das Gute, durch das die Güter besitzlos werden.

Im Begriff der Gesellschaft versucht man dem Gut einen Besitzer zu geben, welcher seinen Besitzcharakter aufhebt.

Jede sozialistische oder kommunistische Theorie verfehlt ihr Ziel deshalb, weil der Anspruch des Individuums auf jedes Gut sich erstreckt. Liegt bei einem Individuum A ein Bedürfnis z vor, das durch das Gut x befriedigt werden kann, und glaubt man daher, ein Gut y, welches gleich x ist, einem Individuum B zur Stillung des gleichen Bedürfnisses gerechterweise geben zu sollen und zu dürfen, so irrt man. Es gibt nämlich den ganz abstrakten Anspruch des Subjekts prinzipiell auf jedes Gut, ein Anspruch, der keineswegs auf Bedürfnisse, sondern auf Gerechtigkeit sich zurückführt, und dessen letzte Richtung möglicherweise nicht auf ein Besitzrecht der Person, sondern auf ein Guts-Recht des Gutes geht.

Gerechtigkeit ist das Streben, die Welt zum höchsten Gut zu machen.

Die angedeuteten Gedanken führen zur Vermutung: Gerechtigkeit ist nicht eine Tugend neben anderen Tugenden (Demut, Nächstenliebe, Treue, Tapferkeit), sondern sie begründet eine neue ethische Kategorie, die man vielleicht nicht einmal eine Kategorie der Tugend, sondern eine der Tugend gleichgeordnete andere Kategorie wird nennen müssen. Gerechtigkeit scheint sich nicht auf den guten Willen des Subjekts zu beziehen, sondern macht einen Zustand der Welt aus, Gerechtigkeit bezeichnet die ethische Kategorie des Existenten, Tugend die ethische Kategorie des Geforderten. Tugend kann gefordert werden, Gerechtigkeit letzten Endes nur sein, als Zustand der Welt, oder als Zustand Gottes. In Gott haben alle Tugenden die Form der Gerechtigkeit, das Beiwort all in all-gütig, allwissend u.a. deutet darauf hin. Tugendhaft kann nur Erfüllung des

Geforderten, gerecht nur Gewährleistung des Existenten (durch Forderungen *vielleicht nicht* mehr zu bestimmenden, dennoch natürlich nicht eines beliebigen) sein.

Gerechtigkeit ist die ethische Seite des Kampfes, Gerechtigkeit ist die Macht der Tugend, und die Tugend der Macht. Die Verantwortung gegen die Welt, die wir haben, bewahrt vor der Instanz der Gerechtigkeit.

Die Bitte des Vaterunser: Führe uns nicht in Versuchung, sondern erlöse uns von dem Übel, ein Reich werde[,] ist *[zwei Wörter unleserlich]*, ist die Bitte um Gerechtigkeit, um den gerechten Weltzustand. Die empirische einzelne Tat verhält sich zum Sittengesetz irgendwie als (undeduzierbare) Erfüllung des formalen Schemas. Umgekehrt verhält sich das Recht zur Gerechtigkeit wie das Schema zur Erfüllung. Die ungeheure Kluft, die zwischen Recht und Gerechtigkeit dem Wesen nach klafft, haben andere Sprachen bezeichnet.

    ius   θέμις   משפט   [1]
    fas   Δίκη   צדק   [2]

Abschrift »Aus dem mir geliehenen Notizbuche W[alter] B[enjamin]s«. Original: The Jewish National and University Library, Jerusalem, Sign. Arc. 4⁰ 1599/265; Erstdruck in: Gershom Scholem, Tagebücher nebst Aufsätzen und Entwürfen bis 1923. I. Halbband 1913-1917, unter Mitarbeit von Herbert Kopp-Oberstebrink hrsg. von Karlfried Gründer und Friedrich Niewöhner, Frankfurt a. M. 1995, S. 401 f. (8./9. 10. 1916).[3] *– An die* Notizen zu einer Arbeit über die Kategorie der Gerechtigkeit *schließen folgende drei Aufzeichnungen an, die, durch zwei Striche abgetrennt, keine inhaltliche Beziehung zu den* Notizen *haben (vgl. Tb, S. 402):*

Das Problem der historischen Zeit ist bereits durch die eigentümliche Form der historischen Zeitrechnung gestellt. Die Jahre sind zählbar, aber zum Unterschied von dem meisten Zählbaren, nicht numerierbar.

Jean Paul über die Romantiker:

»eine nur halb eingefallene Schule, deren poetische Schüler und Schulschriften, z.B. die Friedrich Schlegelschen, ihre kurze Unsterblichkeit aber überlebt haben…«[4]

Aus einem Kolleg über griechische Philosophie:

Die Gedankenlosigkeit versteigt sich: die Elemente seien »die Personifikationen der Göttergestalten[«].

Hermann Schweppenhäuser
Benjamin über Gerechtigkeit
Ein Fund in Gershom Scholems Tagebüchern

I

»Nach dem Tod Gershom Scholems« 1982 »stellte sich heraus, daß auch er einige Texte« Walter Benjamins »besaß, welche er den Herausgebern« der *Gesammelten Schriften* Benjamins »nie zugänglich gemacht hatte – nicht um sie ihnen und der Ausgabe vorzuenthalten, sondern weil Scholem selber ihr Vorhandensein unter Tausenden anderer Manuskripte entfallen sein dürfte.« So die Herausgeber im Nachtrags-Band der Ausgabe (B/GS VII, S. 527)[5], in dem jene Texte, zusammen mit anderen, veröffentlicht wurden, die während der Zeit der Edition der *Gesammelten Schriften* noch ans Licht gekommen waren. Daß bei der Erschließung des umfangreichen Scholemschen Nachlasses die eine oder andere Aufzeichnung Benjamins noch entdeckt würde, konnte nicht ausgeschlossen werden.

Eine solche Entdeckung bietet der kürzlich veröffentlichte erste Teilband der Scholemschen Tagebücher, eine vorbildliche Leistung philologisch-historischer Texterschließung. Unter den Aufzeichnungen Scholems vom Oktober 1916 ist eine Abschrift von Benjaminschen *Notizen zu einer Arbeit über die Kategorie der Gerechtigkeit* zu lesen. Bei diesen *Notizen* handelt es sich um erste Reflexionen über zentrale ethisch-religiöse Kategorien, wie Benjamin sie – vor allem in Diskussion mit dem leidenschaftlich um das Verständnis des ›Jüdischen‹ bemühten jungen Scholem; die Tagebücher sind bewegendes Zeugnis davon – spätestens seit 1916 anstellte und die ihren meist erst späteren Niederschlag in Arbeiten wie denen *Über Sprache überhaupt und über die Sprache des Menschen* oder *Zur Kritik der Gewalt* fanden, in Fragmenten wie dem ›Theologisch-politischen‹ oder dem über *Die Bedeutung der Zeit in der moralischen Welt* (vgl. B/GS II, S. 99 ff. und B/GS VI, S. 97 f.).

An welcher Stelle der *Gesammelten Schriften* hätten die Herausgeber Benjamins Reflexionen über die Kategorie der Gerechtigkeit dem Werk-Corpus eingeordnet, wären sie ihnen vor Abschluß der Editionsarbeiten bekannt gewesen? Wegen ihres fragmentarischen Charakters, lautet die Antwort, möglicherweise unter die Paralipomena der Arbeit *Zur Kritik der Gewalt;* eher wahrscheinlich unter die Fragmente des Bandes VI, und zwar entweder unter die ›Fragmente zur Moral‹ und dort an die erste Stelle der Unterabteilung ›Zu geplanten Arbeiten‹; am wahrscheinlichsten jedoch, wegen des politisch-geschichtsphilosophischen Akzents der ethisch-religiösen Reflexionen, unter die Fragmente ›Zur Geschichtsphilosophie, Historik und Politik‹, und zwar – wegen des gesicherten frühen Entstehungsdatums; spätester terminus ad quem ist Oktober 1916 – an die erste Stelle der Unterabteilung ›Zur Geschichtsphilosophie: Zu geplanten Arbeiten‹. Es hätte einen Verweis auf die frühen Aufzeichnungen ›Zur Moral‹ gegeben (vgl. B/GS VI, S. 54 ff.) und auf die zu den späteren, ab 1918 erfolgten Studien ›Zur Kantischen Ethik‹ (vgl. ebd.), sowie auf die Notizen zu einer *Ethik, auf die Geschichte angewendet* (vgl. ebd., S. 91 ff.), die als »wichtiger Annex zur *Programmschrift* von 1917/18 anzusehen« (vgl. ebd., S. 683) sind. Die *Notizen zu einer Arbeit über die Kategorie der Gerechtigkeit* wären als erste Aufzeichnungen zur Befassung Benjamins mit ethisch-politischen Problemen charakterisiert worden, und zwar, dem gedanklich-disziplinären Tenor nach, als solche von beträchtlichem moralisch-religiösen Eigengewicht.

Wären sie den Herausgebern erst nach Erscheinen der Bände I bis VI, doch noch so früh bekannt geworden, daß sie im Nachtragsband von 1989 Berücksichtigung hätten finden können, so wären sie – in Entsprechung zu dem oben Gesagten – mit größter Wahrscheinlichkeit in den ›Nachträgen‹ zu den Textteilen der *Gesammelten Schriften* placiert worden, und zwar in der Abteilung der Fragment gebliebenen, hier im Textteil des Bandes VI: als Nachtrag zu den Fragmenten ›Zur Geschichtsphilosophie, Historik und Politik‹.

2

Bei alledem hätte die Frage nach der Textvorlage Scholems eine entscheidende Rolle gespielt. Scholem spricht in den Tagebüchern von einem ihm von Benjamin »geliehenen Notizbuche«, aus dem er die *Notizen* übertrug. Handelte es sich dabei um das gleiche ›Buch‹, aus dem ihm Benjamin während des zweiten Aufenthaltes in Seeshaupt – im August 1916 – vorlas; das, »in dem er eigene und fremde Anmerkungen und Aufzeichnungen hat« (Tb, S. 390)? Eine Übersicht der erhaltenen Hefte, Kladden und Notizblöcke, deren Benjamin zu seinen Aufzeichnungen von früh an sich bediente, findet sich in Band VI der *Gesammelten Schriften* (vgl. B/GS VI, S. 632 f.). Davon kommt als ›Buch‹ bereits aus chronologischen Gründen das »Pergamentheft« aus der Sammlung Scholems nicht in Betracht: es enthält Aufzeichnungen aus späteren Jahren und stand zudem den Herausgebern als Photographie zur Verfügung.

Zu vermuten ist, daß Scholem ein ›Notiz*buch*‹ mit einem der drei erhaltenen Notiz*blöcke* verwechselt haben könnte. Von diesen enthält der ›Erste Notizblock‹ – samt den aus ihm herausgetrennten Seiten oder Blättern – Aufzeichnungen aus dem Jahre 1916 (vgl. ebd., S. 633). Für eine solche Verwechslung würde sprechen, daß das Fragment 62, *Die historischen Zahlen...* (ebd., S. 90), auf einem Sommer 1916 datierten Blatt des ›Ersten Notizblocks‹ niedergeschrieben ist (vgl. ebd., S. 683), also höchstwahrscheinlich zu eben der Zeit, zu der Benjamin mit Scholem in Seeshaupt das Problem der »historischen Zahlen« erörterte[6] und Benjamin eine weitere Aufzeichnung hierzu niederschrieb – in eben jenem ›Notizbuche‹, aus dem sie Scholem dann Wochen später abschrieb: sie erscheint als erste der nicht mehr zu den Aufzeichnungen über die Kategorie der Gerechtigkeit zu rechnenden ›Notizen‹ gleich hinter diesen im Tagebuch (vgl. oben, S. 42).

Es könnte auch so sich verhalten haben, daß das von Scholem entliehene ›Notizbuch‹ jenes »philosophische Notizheft« war, in dem Benjamins 1916 verfaßte *Thesen über das Identitätsproblem* (vgl. B/GS VI, S. 27 ff.), sowie »Eintragungen« standen, die diesen Thesen »wohl um mindestens ein Jahr [...] vorangehen«. Dies schrieb Benjamin im Juli 1917 an Scholem[7], dem er das ›Heft‹ geschickt hatte, mit der Bitte, »es bis auf weiteres aufzubewahren«[8]. Er wollte es bei seiner Ausreise in die Schweiz in sicheren Händen zurücklassen; »falls Sie es« in Allenstein, wo Scholem inzwischen zum Militär eingezogen worden war, »nicht behalten können, [senden] Sie es [...] an Herrn Werner Kraft«.[9] Anfang 1918 legt er das »Notizheft« – das »philosophische Büchlein mit den Identitätsthesen«, wie er es jetzt nennt – Scholem ein weiteres Mal ans Herz: »Sie« halten es »in guter Obhut, nicht wahr?«[10] – Dies ›Büchlein‹ ging dann verloren; »jedoch hatte Scholem damals eine Abschrift von den ›Identitätsthesen‹« genommen (B/GS VI, S. 653). Sollte es sich um das ›Notizbuch‹ gehandelt haben, das Benjamin Scholem ein erstesmal anvertraut hatte: 1916, nach den Debatten in Seeshaupt, damit er Abschriften in sein Tagebuch machen konnte? Dann hätte er Benjamins *Notizen zu einer Arbeit über die Kategorie der Gerechtigkeit* durch Abschrift schon 1916 ebenso bewahrt, wie 1917 oder 1918 die *Thesen über das Identitätsproblem* – bewahrt, bevor das ›Notizbuch‹ in den Wirren der Kriegsjahre verlorenging.

Benjamins *Notizen* dürften Niederschriften sein, die bei Gelegenheit langer Aussprachen mit Scholem entstanden, Gesprächen »über Jüdisches«[11], »über Achad Haam und die Gerechtigkeit« und die »Auffassung der Rolle der ›Gerechtigkeit‹ im Judentum« (Tb, S. 386). Benjamin hatte den jüngeren Freund zu mehrtägigen Besuchen in München und Seeshaupt, einmal im Juni, ein zweites Mal im August 1916, eingeladen.[12] Vor allem bei den Auseinandersetzungen über Buber wurde Scholem »klar, wie nahe Benjamin Achad Haam steht« (Tb, S. 386), seiner Lehre vom ›Geist‹, entgegen der vom ›Erlebnis‹. Und gegen Ende des zweiten Aufenthaltes hörte er von dem Älteren, den er beinah wie einen Lehrer zu verehren begann – einen Geist, der ihn zu »ungeheuren« inneren Revisionen zwingen würde, sollte er »wirklich mit [ihm] gehe[n]« (Tb, S. 392) –, die Worte: »Wenn ich einmal meine Philosophie haben werde, so wird es irgendwie eine Philosophie des Judentums sein.« (Tb, S. 391)

Schon beim ersten Besuch, im Juni 1916, hatte es Scholem festgestanden, »daß Benjamin beim Judentum angelangt ist« (Tb, S. 313). Seinen »Erfahrungen« nach rechnete Benjamin zu denen, die eine entschiedene »Intuition daraufhin« mitbringen, »ein immanent schon gegebenes bejahendes Verhältnis dazu« haben, wie er 1917 an Werner Kraft schrieb[13]. Es blieb nicht bei den Aussprachen in Seeshaupt. Wieder in Berlin, setzen beide den intensiven gedanklichen Austausch fort, begleitet von »gemeinsamer Lektüre von Achad Haam« (Tb, S. 400), vertieften Studien dieses russisch-jüdischen Autors, sowie anderer einschlägiger Gelehrter; einer Lektüre während des gesamten, bis April 1917 dauernden Berliner Aufenthaltes Benjamins, zu der auch die *»19 Briefe über Judentum* von Samson Raphael Hirsch, ein Grundbuch der jüdisch-orthodoxen Theologie« und *Rom und Jerusalem* von Moses Heß gehörten[14]. Am Anfang dieser Berliner Monate – im Oktober 1916, eine Zeit, in der spätestens Benjamin die *Notizen* aufgezeichnet haben konnte – übertrug diese Scholem in sein Tagebuch.

An der philologischen Treue Scholemscher Text-Abschriften, auch solcher des jugendlichen, kann es keine prinzipiellen Zweifel geben; gleichwohl mag das eine oder andere Moment an der Abschrift der Benjaminschen *Notizen* irritieren. So finden sich, wie die Photokopie des Originals ausweist, in diesem einige Streichungen, die mehr zu sein scheinen als Korrekturen nach Verschreibungen. Überraschend wirken auch die hebräisch geschriebenen Wörter am Ende der *Notizen* über Gerechtigkeit, da

Benjamin hebräisch lesen und schreiben erst lange Jahre später und da nur ein wenig lernte. – Schwierigkeiten bieten die eine und andere Lesart, z.B. »bewahrt« am Ende des vorletzten Absatzes; nicht auszuschließen, daß das Wort »beruht« lautet (dann wäre das folgende »vor« verschrieben und durch »auf« zu ersetzen) oder auch »beruft« (mit Folgewort »vor«, im juridischen Sinn: ›legt Berufung ein vor der Instanz‹).

Gewiß dürfte es schon Scholem keine geringe Mühe bereitet haben, die 1916 noch weitzügig gehaltene, oft flüchtige – statt der ab 1917/18 charakteristisch enggeführten, peniblen – Handschrift Benjamins (vgl. B/GS VI, S. 632) glatt zu entziffern; kaum geringere als die der Herausgeber der *Tagebücher* angesichts solcher nicht weniger schwer lesbaren Passagen wie vor allem der von Sütterlin- zu Lateinschrift oder umgekehrt wechselnden; was hier geleistet wurde, ist aller Anerkennung wert. Die obigen Bemerkungen zum Textstand der *Notizen* sind daher nicht als Kritik aufzufassen, sondern als Anmerkungen zur Erwägung weiterer dienlicher Schritte im oft kaum abzuschließenden Prozeß kritischer Textgewinnung; zu Problemen also, wie sie den Herausgebern der *Gesammelten Schriften* Benjamins selber nur allzu vertraut sind.

4

Benjamins Aufzeichnung sucht eine erste »neue« Bestimmung der ethischen »Kategorie« Gerechtigkeit über die kritische Fassung der juridischen und ökonomischen Begriffe Besitz und Gut zu gewinnen. Der Tenor ist, »Gerechtigkeit« als etwas zu erweisen, was möglicherweise gar keine »Kategorie der Tugend« – keine subjektiv-ethische Bestimmung – mehr ist, sondern eine – objektiv-attributive – des »Zustands der Welt«, der Weltordnung selber.

Gütern, in der bestehenden Welt, »kommt Besitzcharakter als Ausdruck« ihrer »Vergänglichkeit zu«: sie sind Sachen des Gebrauchs, Verzehrs, auf die – ebenso vergängliche – Personen, Rechtspersonen Anspruch haben. Erringung und Erwerb dieser Sachen: »der Besitz aber [...] ist immer ungerecht«. Als in »Endlichkeit befangen«, wird »keine wie immer geartete Besitzordnung zur Gerechtigkeit führen«.

Diese wäre erst durch die »Bedingung eines Gutes« gewährleistet, »das nicht Besitz sein kann«. Was ist das für ein Gut? Das »ist allein das Gute, durch das die Güter besitzlos werden«: *das* bonum, *das* Attribut, das macht, daß Güter ihren »Besitzcharakter« verlieren – nicht sowohl ›herrenlos‹, ›enteignet‹ werden, sondern das von vornherein verhindert, das sie ›besessen werden können‹, »Besitzcharakter« annehmen. Jenes »Gute« hat einen andern Status als ein »Gut«: einen außerrechtlichen, transutilen. Dessen »Besitzcharakter« wird nicht dadurch aufgehoben, daß man ihm – in gerechter Absicht – einen gesellschaftlichen Besitzer – statt der privaten – gibt. Sicherlich ist der Privatbesitz im gesellschaftlichen aufgehoben, doch aufgehoben ist nicht der Besitz selber – ganz abgesehen davon, daß »der Anspruch des Individuums auf jedes Gut sich erstreckt«, also gerade der gesellschaftliche Besitz diesen universellen Anspruch drastisch beschränkt; darin liegen Irrtum und Unrecht der die gesellschaftliche Gerechtigkeit intendierenden »sozialistischen oder kommunistischen Theorie«. Gesellschaftlicher Besitz hebt die Besitzeigenschaft selber nicht auf. Solange Besitz besteht, solange ›besessen werden kann‹, besteht Ungerechtigkeit. Inwiefern? Besitzen, Haben eines Gutes verletzt ein Recht dessen, was da besessen wird: »ein Guts-Recht des Gutes«. – Dies der Nerv der Benjaminschen Reflexion.

Der »Anspruch des Subjekts prinzipiell auf jedes Gut« – etwa im Sinn der Kantschen Vernunftrechtslehre, nach der es jedem Subjekt »möglich« ist, »einen jeden äußern Gegenstand« seiner »Willkür als das« Seine »zu haben«; nach der mein Besitz ist, »was ich [...] in meine Gewalt bringe, und wovon [...] Gebrauch zu machen ich [...] das Vermögen habe: endlich, was ich *will,* es solle mein sein«[15] –; ein Anspruch, den die vermeintlich gerechte »Stillung« gleicher Bedürfnisse durch gleiche Güter nicht erfüllen kann (Marx übrigens spricht nicht von gleichen Bedürfnissen und ihrer Befriedigung durch gleiche Güter, sondern von der »Befugnis« des Subjekts im »Verein freier Menschen«, »nach seinen Fähigkeiten« zu produzieren, »nach seinen Bedürfnissen« zu konsumieren, also nach den jeweiligen und nicht nach gleichgerichteten[16]); dieser Anspruch ist nämlich zuinnerst anders begründet als durchs subjektive Bedürfnis, »sondern [er führt] auf Gerechtigkeit sich zurück« und seine »letzte Richtung [geht] möglicherweise nicht auf ein Besitzrecht der Person, sondern auf ein Guts-Recht des Gutes«.

Der Anspruch zielt also im letzten nicht auf »Recht« – als Personenrecht auf Besitz –, sondern auf »Gerechtigkeit« – als einen Zustand, in dem »ein Guts-Recht des Gutes« gilt: etwas wie ein Ur-Recht aller Dinge, alles dessen, was ist, die Menschen mit ihren Ansprüchen eingeschlossen; ein Recht darauf, die zu sein, als die sie geschaffen, die sie »in ihrer eingeborenen Würde« (Tb, S. 498) sind. Ansprüche von Personen auf Sachen gibt es – gerechterweise – nur so weit, wie sie das »Guts-Recht« der Sachen nicht lädieren: wie der wohlgeordnete Zustand der Sachen, »die Dinge […] in ihrem eigenen Leben«[17] nicht angetastet und entstellt werden. Es ist der von Gott intendierte und hergestellte Zustand: der »ursprüngliche Verband aller geschaffenen Dinge«[18]. Bloße Rechtsansprüche des Subjekts auf Dinge verändern diese in ihrem Charakter als geschaffene und wohlgeordnete, in ihrem »Eigenleben […] als dem X, das es jenseits der Gebrauchsmasken ist«[19]. Ihr natürlicher Charakter wird vom Besitzcharakter usurpiert, und die Usurpation – obgleich vollgültiger Ausdruck von Legalität in der Rechtsordnung – schafft Unrecht, Unordnung in der gerechten Ordnung. Das heißt aber, diese Ordnung ist nicht mehr gut; das Böse erweist sich als »unechte Welt falscher Zusammenhänge«, ein Zustand, den das Subjekt, zumal das Rechtssubjekt, dadurch herbeiführt, daß es »die Dinge von sich aus zu verbinden unternimmt«[20]. Ist er einmal eingetreten, zeigt sich »Gerechtigkeit« als »das Streben, die Welt zum höchsten Gut [wieder] zu machen«.

Hier wird die Emphase begreiflich, mit der Scholem die Aufzeichnungen des älteren Freundes aufnimmt – buchstäblich aufnimmt ins Buch der ihn am meisten bewegenden Gedanken; sie bezeugen ihm, wie nahe Benjamins Denken der jüdischen Idee der Gerechtigkeit kam. – Der eigentümliche Doppelstatus der Gerechtigkeit als einer »Tugend«, die aber »nicht eine Tugend neben anderen Tugenden« ist, sondern »eine neue ethische Kategorie, die man vielleicht nicht einmal eine Kategorie der Tugend […] wird nennen müssen«; und der Gerechtigkeit als eines »Zustands«, also eines »nicht« mehr nur »auf den guten Willen des Subjekts« Bezogenen (nach Kant das Einzige, »was ohne Einschränkung für gut könnte gehalten werden«[21]), sondern »einen Zustand der Welt« Ausmachendes. Auf der einen Seite ist Gerechtigkeit Tugend-»Streben«, ethisch »Gefordertes«, auf der andern ein ethisch »Existentes«, also ein Ethisches, das nicht ein *Gesolltes* bleibt, sondern ein Wirkliches *ist*. »Gewährleistung des Existenten«, also daß Gerechtigkeit *ist* – »die Macht der Tugend« –, und Tugendstreben nach »Erfüllung des Geforderten«, Gesollten, fundamental verschieden (eine Verschiedenheit, von der übrigens Plato schon wußte[22]), sind doch auf eine bestimmte Weise aufeinander bezogen. Das Gerechtigkeits-*Streben* ist etwas wie das Einwirken von Unterem »auf das Obere«, wodurch in diesem Streben »eine höhere Wirklichkeit« – Gerechtigkeit als »Tugend der Macht«, nämlich der göttlichen, wie Benjamin in den *Notizen* sagt – »transparent« wird: so später Scholem in *Die jüdische Mystik* *in ihren Hauptströmungen*²³. »Der Impuls von unten ruft den von oben hervor«, heißt es im *Sohar*, den Scholem an dieser Stelle zitiert. »Der Gerechte [...] ist der Mensch, der« »das Verbundensein mit Gott« »verwirklicht«²⁴. Wenn Benjamin schrieb, Gerechtigkeit sei »das Streben, die Welt zum höchsten Gut zu machen«, so »klingt das«, schreibt Scholem etwa vier Wochen nach der Eintragung der Aufzeichnung ins Tagebuch, »als wenn [...] Benjamin bekannt gewesen wäre«, daß »die Gerechten [...] die Erde zur Stätte des Göttlichen« (Tb, S. 419) bereiten – bekannt von Stellen, wie der in der Genesis, die Samson Raphael Hirsch in seinem Werk über den Pentateuch anführt (vgl. ebd.); womit Scholem doch wohl sagen will, wie nahe Benjamins Intuition ihn an den jüdischen Sinn von Gerechtigkeit *ohne* Bibel- und Thorastudium heranführte.

»Das ist Gerechtigkeit; die Erde zum Sitz der Schechinah zu machen«, zum Ort der Anwesenheit des Göttlichen, die die Erde in dessen Glanz strahlen läßt. »Gerechtigkeit ist wahrlich ein Abglanz Gottes«, ihre Mehrung »eigentlich nur die Mehrung der Offenbarung der Gerechtigkeit«, nämlich »der göttlichen Macht auf Erden, der Schechinah« (ebd.). Ausdruck dessen ist jener »Zustand der Welt oder [...] Zustand Gottes« – so Benjamin –, in dem – so später Scholem – »alles an seinem rechten Ort« wäre. Deshalb nämlich heißen die Zaddikim ›die Gerechten‹, »weil sie alles in der Welt [an den] rechten Ort stellen«. »Das scheint ein sehr einfacher Satz zu sein, doch soll seine Einfachheit nicht über seine messianische Implikation hinwegtäuschen. Denn im Judentum ist eine Welt, in der alles an seinem rechten Ort steht, gleichbedeutend mit einer messianischen Welt, einer erlösten Welt.«²⁵ Ohne daß in ihnen von Messianität die Rede wäre, exponieren Benjamins *Notizen* deren Idee ihrem vollen Gehalt nach. »Die Bitte des Vaterunser«, uns von dem Übel zu erlösen, ist nichts anderes als »die Bitte um Gerechtigkeit, um den gerechten Weltzustand«, und der wäre der, in dem »den Dingen ermöglicht« ist, »ungestört und ungeteilt nebeneinander zu bestehen«. In den Bemühungen des Gerechten, »die Welt in Ordnung zu bringen«, ist ein »messianischer Funken enthalten«²⁶: es sind »die Gerechten«, die »den Messias« rufen, »keine andern« (Tb, S. 419).

Die Benjaminsche Besinnung läuft auf die Einsicht in die »ungeheure Kluft« hinaus, »die zwischen Recht und Gerechtigkeit dem Wesen nach klafft«. Die erste große, von dieser Einsicht durch und durch getragene Arbeit Benjamins ist die *Zur Kritik der Gewalt*, in der die Rechtsordnung als eine des Mythos und der Gewalt erwiesen wird – eine, die nicht die Gerechtigkeit erfüllt, sondern immerfort Unrecht und Schuld erneuert.

1 mischpat, Recht (nach Tb, S. 402; vgl. Anm. 3). – 2 zedek, Gerechtigkeit (nach Tb, ebd.). – 3 Zitate aus diesem ersten Band der Scholemschen Tagebücher werden im folgenden im Text selber durch die Sigle »Tb« gekennzeichnet. – 4 Jean Paul, Kleine Nachschule zur ästhetischen Vorschule, in: ders., Sämmtliche Werke, 3. Aufl., Bd. 19, Berlin 1861, S. 326. (Der Nachweis wurde Tb, S. 402, entnommen.) – 5 Die Sigle »B/GS« steht für die Ausgabe Walter Benjamin, Gesammelte Schriften, unter Mitwirkung von Theodor W. Adorno und Gershom Scholem hrsg. von Rolf Tiedemann und Hermann Schweppenhäuser, 7 Bde., Frankfurt a.M. 1972-1989; römische Ziffern bezeichnen den jeweiligen Band dieser Ausgabe, aus der Zitate ebenfalls im Text selber nachgewiesen werden. – 6 Vgl. Gershom Scholem, Walter Benjamin – die Geschichte einer Freundschaft, Frankfurt a.M. 1976, S. 45; im folg. zit.: »Scholem, Freundschaft«. – 7 Vgl. Scholem, Freundschaft, S. 58. – 8 Ebd., S. 55. – 9 Ebd. – 10 Benjamin, Briefe, hrsg. und mit Anm. versehen von Gershom Scholem und Theodor W. Adorno, Frankfurt a.M. 1978, S. 171. – 11 Scholem, Freundschaft, S. 37. – 12 Vgl. ebd., S. 37 und 39. – 13 Gershom Scholem, Briefe I, 1914-1947, hrsg. von Itta Shedletzky, München 1994, S. 94. – 14 Scholem, Freundschaft, S. 50. – 15 Kant, Metaphysische Anfangsgründe der Rechtslehre. Der Rechtslehre erster Teil, § 2, § 10. AA VI, S. 246, 258. – 16 Marx, Kritik des Gothaer Programms. MEW Bd. 19, Berlin 1982, S. 21. – 17 Ernst Bloch, Spuren. GA Bd. 1, Frankfurt a.M. 1969, S. 162. – 18 Gershom Scholem, Die jüdische Mystik in ihren Hauptströmungen, Frankfurt a.M. 1980, S. 258. – 19 Bloch, a.a.O., S. 174. – Das Gut mit seinem eingeborenen »Guts-Recht« ist sozusagen das juridische *Ding an sich*, dessen depravierte *Erscheinung* in der empirischen Rechts- und Warenwelt das Gut als Besitz-Ding stellt. Einen nichtdepravierten Stand der Güter und Dinge hat Benjamin etwas später in seinen Notizen über das Verhältnis von »Geld und Wetter« visiert (vgl. B/GS IV, S. 941), aus denen er den 1928 in die *Einbahnstraße* aufgenommenen Aphorismus destillierte: »Geld gehört mit Regen zusammen. Das Wetter selbst ist ein Index vom Zustande dieser Welt. Seligkeit ist wolkenlos, kennt kein Wetter. Es kommt auch ein wolkenloses Reich der vollkommenen Güter, auf die kein Geld fällt« (a.a.O., S. 139). – 20 Scholem, Die jüdische Mystik, a.a.O., S. 258. – 21 Kant, Grundlegung zur Metaphysik der Sitten. AA IV, S. 393. – 22 Vgl. Politeia, 428e, 433d. – 23 Scholem, Die jüdische Mystik, a.a.O., S. 254. – 24 Ebd., S. 255 und 254. – 25 Gershom Scholem, Judaica 4, hrsg. von R. Tiedemann, Frankfurt a.M. 1984, S. 275. – Als eine Art mediatisierter Gestalt des Gerechten hat Benjamin später den *Sammler* gesehen: das Subjekt »›interesseloser‹ Betrachtung«, das »zu einem unvergleichlichen Blick auf den Gegenstand gelangt, einem Blick, der mehr und anderes sieht als der des profanen Besitzers und den man am besten mit dem Blick des großen Physiognomikers zu vergleichen hätte […] Sammler sind Physiognomiker der Dingwelt« (B/GS V, S. 274). In seiner Vollendung ist er kein Geringerer als der Typus, der »die Befreiung der Dinge von der Fron, nützlich zu sein, verwirklicht« (a.a.O., S. 277). – 26 Scholem, Judaica 4, a.a.O., S. 275 f.

Adornos Seminar vom Sommersemester 1932 über Benjamins *Ursprung des deutschen Trauerspiels*
Protokolle

Walter Benjamins Ursprung des deutschen Trauerspiels *hatte als Habilitationsschrift 1925 der philosophischen Fakultät der Universität Frankfurt a. M. vorgelegen und war, dank der vereinten Bemühungen des Germanisten Franz Schultz und des Philosophen Hans Cornelius, abgelehnt worden. Die dann erst 1928 als Buch erschienene Arbeit hatte jedoch eine Nachgeschichte, die, nicht ohne Ironie, in derselben Fakultät spielte, welche Benjamins Untersuchung refüsiert hatte. Ebendort wurde im Februar 1931 Adorno für das Fach Philosophie habilitiert. Nicht nur, daß Adorno in seiner Habilitationsschrift sich wiederholt und nachdrücklich auf Benjamins Trauerspielbuch bezog, er verfocht auch in seiner Antrittsvorlesung einen Begriff von aktueller Philosophie, in dem er auf weite Strecken Positionen der ›Erkenntniskritischen Vorrede‹ zum* Ursprung des deutschen Trauerspiels *sich zu eigen machte.*[1] *Und im Sommersemester 1932 hielt Adorno in Frankfurt ein Seminar über das Trauerspielbuch ab, dessen von den Teilnehmern verfaßte Protokolle erhalten blieben. Von diesen Protokollen spricht Benjamin in einem Brief, den er am 3.9.1932 an Adorno schrieb, der ihn anscheinend zu einem Besuch seines Seminars eingeladen hatte, das zweisemestrig neuere Schriften zur Ästhetik behandelte: neben dem Trauerspielbuch im Sommersemester 1932 im folgenden Wintersemester die* Theorie des Romans *von Lukács. In Benjamins Brief heißt es, im Anschluß an die Möglichkeit einer Vortragseinladung nach Prag: »Inzwischen aber danke ich Ihnen sehr herzlich für die Ihrige, die Sie an den Bericht der Sitzungen Ihres Seminars anschließen. Weder brauche ich Ihnen zu versichern wie gern ich kommen würde noch wie großen Wert ich auf die Einsicht in die Akten des bisherigen Verlaufes lege. Natürlich wäre es sehr wünschenswert, daß das mit Ihnen gemeinsam geschähe.«*[2] *Zur Teilnahme Benjamins an einer der Seminarsitzungen, die allerdings im Wintersemester 1932/33 das Trauerspielbuch nicht mehr behandelt zu haben scheinen, ist es nicht gekommen.*[3] *– Im folgenden werden die Seminarprotokolle abgedruckt. Kaum bedarf es des Hinweises, daß die Protokolle selbstverständlich nicht umstandslos mit Adornos Interpretation des behandelten Textes gleichgesetzt werden dürfen. Sie verbinden vielmehr, in der Wiedergabe des Diskussionsverlaufs, jene mit der eigenen des jeweiligen Protokollanten. Die behandelten Themen und Motive scheinen* *dagegen die spezifischen Interessen, die Adorno an der Benjaminschen Theorie nahm, adäquat zu dokumentieren. Insgesamt dürfen die Protokolle als wahrscheinlich früheste Zeugnisse der Rezeption von Benjamins Hauptwerk ein nicht geringes Interesse beanspruchen; kein geringeres aber als Denkmal jener legendären akademischen Veranstaltung, von der Wilhelm Emrich, einer der seinerzeit protokollführenden Studenten, 1963 an Adorno schrieb: »es war im Sommer und Herbst jenes Jahres 1933 [recte: 1932], an dessen Beginn ich als Ihr Schüler in Ihrem Seminar saß und Walter Benjamins Theorie der ›Urgeschichte‹ und des ›Bruchstücks‹ mir den Atem verschlug, mich aus dem dogmatischen Schlummer erlernter ›Geisteswissenschaft‹ riß ...« Noch dreißig Jahre danach erinnerte Emrich sich der »troglodytischen Gespräche mit [Adorno] über die Urgeschichte des Geschichtlichen, das sich draußen ausraste«; angesichts des heraufziehenden Unheils gedachte er der »Gespräche über die Bürgerstuben, die nun ihre uralten Höllen aus sich entließen«*[4].

Protokoll vom 25.4.1932

Zur Debatte steht der Begriff der Intention, wie er bei Benjamin entwickelt ist [vgl. S. 216 f.].[5] Im Anschluß an Husserl wird definiert: Intentionen sind auf Gegenstände gerichtete Ichakte. Bei Cornelius sind sie symbolische Funktionen. Bei Benjamin sind diese symbolischen Akte darüber hinaus selbst *Ausdruck,* und zwar Ausdruck von dem jeweiligen Verhältnis vom »Ich« und dem »ontologischen Entwurf« der Wirklichkeit. Das Wort »jeweilig« deutet darauf hin, daß die Bestimmung der Intention bei Benjamin von einem geschichtsphilosophischen Ansatz her erfolgt, insofern als jedes Gefühl, mithin jede Intention eine *bestimmte* Antwort des Menschen auf einen *bestimmten* Anruf der Wirklichkeit ist, vorgezeichnet durch die geschichtsphilosophische Konstellation zwischen Wirklichkeit und Subjektivität. In diesem Zusammenhang hat die Trauer die Bedeutung, die Intention zu vertiefen und festzuhalten. (Es wird angemerkt, daß eine geschichtsphilosophische Affektenlehre den wissenschaftlichen Ort dieses Satzes abzugeben hätte.) Die Funktion der Trauer, die Intention festzuhalten und zu steigern, wird wie folgt interpretiert. Da der Gegenstand als ein Gemeintes (siehe Husserl) das Korrelat der Intention als einer symbolischen Funktion darstellt, so betrifft das Festhalten der Trauer, bzw. das Festgehaltenwerden durch die Trauer den Gegenstand, auf den der Blickstrahl des Subjekts unverrückbar geheftet ist.

Die Vertiefung der Intention durch die Trauer betrifft die Distanz zwischen Intention und Gegenstand, in der und durch die der Gegenstand transparent, d.h. wieder zum Symbol wird. Die Intention bemächtigt sich dadurch ihres Gegenstandes, daß jeder Gegenstand unter dem Blickstrahl der Intention sich selber zum Symbol verwandelt. Der letzte, von der Intention ergriffene Gegenstand aber schlägt selbst um, indem er sich aus einem Symbol in reales Sein rückverwandelt, was bei Benjamin durch den Begriff der »Untreue« bezeichnet wird [vgl. S. 333 f.].

Die stoische ἀπάθεια [S. 319] kommt insofern der Benjaminschen Bestimmung der Trauer nahe, als jene durch die Ertötung der Affekte eine Entfremdung bewirkt, die in äußerster Steigerung die absolute Depersonalisation, d.h. die Entfremdung vom eigenen Körper erreicht. Aus Objekten des Handelns werden die Gegenstände Objekte des Grübelns. Trauer und ἀπάθεια werden geschichtsphilosophisch als Verlust nicht nur des Sinnes, sondern der transzendentalen Bezogenheit zur Welt überhaupt interpretiert, auf Grund dessen das Subjekt die Objekte nicht mehr adäquat zu erreichen vermag. Oder, anders ausgedrückt: das meditierende Festhalten eines Gegenstandes, der nicht im Handeln aufgegeben wird, bezeichnet eine solche geschichtsphilosophische Situation, in der die Wirklichkeit dem Subjekt sprunglos nicht mehr erreichbar ist.

Lisel Paxmann

Protokoll, ohne Datum [Mai 1932]

Der Satz Benjamins »Trauer ist die Gesinnung, in der das Gefühl die entleerte Welt maskenhaft neubelebt, um ein rätselhaftes Genügen an ihrem Anblick zu haben« [S. 318] erinnert im Zusammenhang mit der ganzen sich hieran knüpfenden Auslegung, insbesondere auch mit der Deutung der Allegorie, an eine wesentliche geschichtsphilosophische Konzeption bei Lukács in seiner *Theorie des Romans:* an den Begriff der »zweiten Natur«[6], dem bei Benjamin der Begriff der »entleerten Welt« entspricht. Bei näherem Vergleich ergibt sich die Nähe, [aber] auch ein wesentlicher Unterschied beider Konzeptionen. In beiden ist entscheidend der Bruch zwischen Intention und Gegenstand. Auf der einen Seite steht eine erstorbene, abgetrennte Objektwelt, auf der anderen die Subjektivität. Unter dem Blickstrahl der Subjektivität (bei Lukács), der ständig festgehaltenen Intention im Gefühl der Trauer (bei Benjamin) wird die erstorbene

Objektwelt wieder beredt. Die Dinge, die ihr ontologisches Eigengewicht verloren hatten, etwas einfach Seiendes geworden waren (der spätere Terminus der »Verdinglichung« bei Lukács), verwandeln sich, werden Zeichen der Innerlichkeit, die Objektwelt wird allegorisch. – Die Rückverwandlung der Geschichte in Natur wird in beiden Konzeptionen intendiert (denn Lukács' Begriff der »zweiten Natur« ist die Geschichte gewordene Welt). Die Akzentuierung aber ist bei Benjamin anders. Während Lukács hier noch in klassisch-idealistischer Terminologie die Sinnhaftigkeit an die Totalität gebunden sieht, kommt Benjamin darüber hinaus zu einer Bejahung gerade der Bedeutungsrelevanz des Bruchstückhaften. In der Allegorie wird das Bruchstückhafte, Zertrümmerte betont. Gerade die abgesprengtesten Teile werden zu Trägern der Bedeutung. Nur unter dieser Voraussetzung ist eine Rettung der Allegorie und des Barock möglich.

In der Aussprache, die sich an das Referat knüpft, wird besonders auf die Ambivalenz der Melancholie hingewiesen. Je tiefer die Melancholie, um so produktiver ist sie, um so fähiger, die Intention festzuhalten, die Welt in Allegorie zu verwandeln. Dies ist die Fruchtbarkeit und Macht der Trauer. Bedeutung und Trauer stehen in einem engen Sinnzusammenhang.

Der Versuch, die Ambivalenz im mythischen Bild des Kronos [vgl. 326 ff.] sich zu verdeutlichen, führt zu wesentlichen geschichtsphilosophischen Voraussetzungen, die dem Benjaminschen Buch zugrunde liegen: zum Begriff der mythischen oder archaischen Bilder.[7] Im Bild des Kronos sind zusammengefaßt das Bild des Saatgottes und das der Zeit. Kronos ist der Gott der Erde, des Trüben, Dunklen, des Hineinstrebens in die Tiefe der Erde (Versenkung in die Tiefe ist das Wesen und die Fruchtbarkeit der dem Kronos zugeordneten Divination). Den letzten Bedeutungsgehalt, den das Kronosbild vom natürlichen Modell erhält, ist das Ineinanderverschränkt-Sein von Leben und Tod, wie es symbolisch wird im Samen, der in die Erde versenkt wird, um aus sich neues Leben zu zeugen. – Alles Lebendige rollt dem Tode zu, der Tod trägt in sich den Keim des neuen Lebens. Dieses Bild des natürlichen Kreislaufes ist das Urmodell der mythischen Bilder. Mythische Bilder sind nicht invariant ewig (wie zum Beispiel Klages es will), sie sind dialektisch. Es ist ihr Wesen, in sich selber umschlagen zu können. Nicht durch Hinzukommen eines Geistigen von außen, durch ihre eigene Bewegung heben sie sich auf und scheiden sie sich wieder. – Hier liegen die Motive einer Real-, nicht einer Geist-Dialektik. Die Geschichte trägt in sich die Tendenz, mythisch zu werden, im

Mythischen liegt die Intention des Sich-Scheidens in reale Dialektik. Zwischen diesen beiden Polen spielt die geschichtliche Erörterung. Die mythischen Bilder sind als geschichtliche zu begreifen, wo sie sich dialektisch verwandeln. Die Welt ist da am mythischsten, wo sie am geschichtlichsten ist.[8]

An der Bewertung des Hamlet von Shakespeare [vgl. S. 334 f.] erweist sich die zweifache Richtung der Benjaminschen Absicht. Einmal ist sie gerichtet auf die Rettung der Melancholie, des Bruchstücks. Wahre Bedeutung ist an den Charakter des Bruchstücks gebunden. Der zweite mögliche und erstrebte Weg ist die Überwindung der Melancholie im geschlossenen Kunstwerk, wie sie dem Barock nicht gelang. Der Traurige erkennt seine eigene Geschöpflichkeit und beseelt sie. Er findet den Namen für das Kreatürliche. Er geht als Geretteter unter. Hinter ihm zurück bleibt die schweigende Welt der Allegorie.   *Bruno Raudszus*

Protokoll vom 23.5.1932

Im Anschluß an die Verlesung des Protokolls stellt sich das Problem der *Naturgeschichte*. In ihrer intentionslosen, bloßen lastenden Stofflichkeit wird die Geschichte zur Naturgeschichte. In ihrer Verräumlichung wird sie auf den Schöpfungszustand reduziert; das Geschichtliche wird im Urgeschichtlichen vernichtet. Doch die Geschichte als »erstarrte Urlandschaft« [S. 343], als Geschichte der von jeher todverfallenen Natur ist zugleich »Urgeschichte des Bedeutens« [S. 342]; der extreme Stoffcharakter fordert Bedeutungsverleihung.

Worin besteht die Deutung des Dichters? Sie besteht in der Verwandlung der Stofflichkeit in Allegorie, in der Einlegung von Intention. Das Wort »Einlegung« ist hier keine bloße Metapher; der Einlegung von Intention entspricht im barocken Kunstgewerbe die Intarsientechnik, der Einlegung gleicher Materialien wiederum entspricht das Festhalten des Identischen in der Bedeutung.

Für die Darstellung des Souveräns als irdischer Gott entdeckt das Barockdrama als Quelle die Geschichte des byzantinisch-orientalischen Absolutismus [vgl. S. 248 f.]; es findet hier die Ostentation von purer Stofflichkeit, wie es selbst sie bietet. Es fragt sich, ob die durch die Geschichte des Abendlandes durchgehenden Hinwendungen zur Exotik vielleicht als ständiges Suchen nach intentionslosen Schichten zu verstehen ist.

In der gesteigerten Prunk- und Grausamkeitsentfaltung des Trauerspiels, in den Haupt- und Staatsaktionen zeigt sich eine deutliche Verwandtschaft zum Puppenspiel, und tatsächlich schlagen in der historischen Entwicklung diese Trauerspielaktionen in die »Miniature« des Puppentheaters um. [Vgl. S. 302 f.] Entsprechend findet man noch in Storms Puppenspielnovelle *Pole Poppenspäler* barocke Elemente.

Der Abschnitt über die Entschlußunfähigkeit des Tyrannen [vgl. S. 250 f.] gibt Gelegenheit, wieder über den *Hamlet* zu sprechen. Einsicht ins barocke Wesen der absurden Laune des Souveräns beweist E.T.A. Hoffmann in einer Hamletinterpretation der Kreislerfragmente.[9] – Etwas wie eine vorweggenommene Synthese des Barocken, eine Versöhnung mit der Transzendenz durch den Schein, könnte man in Hamlets sonderbarer Heiterkeit erkennen.

Eine Übersetzung der barocken Entschlußunfähigkeit ins privat Psychologische findet sich in den sogenannten problematischen Naturen des 19. Jahrhunderts, die in der poetischen Psychologie des Fin de siècle (Wildes Herodes, Ibsens Peer Gynt) als Neurastheniker Lebensversuche machen. Wenn Benjamin von einem Affektsturm spricht, »in dem [...] Gestalten wie zerrißne, flatternde Fahnen sich bäumen« [S. 251], so zeigt sich in diesem Bild unverkennbar, wie unpsychologisch er diese Affekte begreift. Affekte sind hier nurmehr die Antworten des Subjekts auf den Anruf der Objektivität; Subjektivität ist gleichsam die Klaviatur, auf der die Wirklichkeit spielt. Benjamin deutet psychologisch-idealistische Kategorien als objektive; er enthüllt die idealistische Spontaneität als eine Reproduktion objektiver Modelle in der sogenannten selbstschöpferischen Subjektivität. (An diese Erkenntnis schließt sich Wiesengrunds Interieurtheorie bei Kierkegaard[10] an.) – In einer echten Affektenpsychologie zerfällt das Individuum; so gibt es für Benjamin oberhalb des »Affektesturmes« keine idealistische Person-Totalität als Charakterologie.

Durch seine besonderen Voraussetzungen gewinnt das Barockdrama Einheit auf eine für uns durchaus paradoxe Weise. Während das neuere Drama die kunstfremde Ordnungslosigkeit des bloßen Geschehens durch ein wie immer gewonnenes Principium stilisationis zu einer künstlerischen Totalität anordnet, setzt das Barockdrama bereits den Trauerspielcharakter des realen Geschichtsverlaufes voraus. Man schließt in diesem Sinne die Nebenhandlung aus und verlegt so das vereinheitlichende Prinzip bereits in den Geschichtsstoff selbst.

Zuletzt wird auf Lessings Verhältnis zum Barock eingegangen.

1. Das Barock begreift den Geschichtsverlauf als Pluralität, nicht mehr die Weltgeschichte als Einheit unter dem Zeichen des Heilsgeschichtlichen wie das christliche Mysterium. Lessing konzipiert dagegen den Geschichtsverlauf als Einheit.

2. Im Ersten und Zweiten Stück der *Hamburgischen Dramaturgie* kritisiert Lessing das Märtyrerdrama aus Anlaß von Cronegks *Olint und Sophronia*. Er unterscheidet zwischen wahren und falschen Märtyrern. Die Vernunft wendet sich dagegen, »daß jeder Rasender, der sich mutwillig, ohne alle Not, mit Verachtung aller seiner bürgerlichen Obliegenheiten in den Tod stürzt, den Titel eines Märtyrers sich anmaßen dürfte«[11]. Es muß der Charakter also natürlich entwickelt und alle Handlungen sinnvoll aus ihm motiviert werden. Wunder können höchstens in der »physikalischen Welt«, nicht aber in der »moralischen« geduldet werden.[12] (Er versteht wohl hier unter »moralisch« psychologisch im weitesten Sinne.) Schließlich fragt Lessing, ob nicht die »stille Gelassenheit« und »unveränderliche Sanftmut« des wahren Christen »ganz untheatralisch« seien.[13] Sehr interessant ist folgende Stelle Lessings: »Widerspricht nicht etwa seine Erwartung einer belohnenden Glückseligkeit nach diesem Leben der Uneigennützigkeit, mit welcher wir alle große und gute Handlungen auf der Bühne unternommen und vollzogen zu sehen wünschen?«[14] – Das barocke Märtyrerdrama ist in dem äußeren Raum der Allegorie beheimatet, bei Lessing aber vollzieht sich ein Umbruch der Märtyrervorstellung ins Innerlich-Theologische. Der Märtyrer ist Ausdruck solcher Innerlichkeit, und von ihr aus kritisiert Lessing das Märtyrerdrama.

Es bleibt nun der folgenden Seminarsitzung der Aufweis des Zusammenhanges zwischen der verschiedenen Struktur der barocken und der Lessingschen Geschichtskonstruktion und der verschiedenen Struktur des barocken und Lessingschen Märtyrers.   *Kurt Bergel*

Protokoll vom 1.6.1932

Die Diskussion des vorigen Seminars schloß sich an den Satz Benjamins an: »Die mittelalterliche Straße der Empörung, der Häresie, war ihr [der barocken Welt] verstellt.« [S. 258] Unter Häresie versteht Benjamin hier nicht eine bloße Lehrmeinung, die sich zur herrschenden in Gegensatz stellt, sondern eine solche, die zugleich Anweisung gibt, die Welt zu verändern, also ein Eingreifen in die Praxis bedeutet. Es gibt zwar eine barocke

Häresie, die aber deshalb eine »verstellte« ist, weil ihr das Ausweichen des gestauten Formwillens in die Politik verlegt ist. Sie verbleibt in der Innerlichkeit.

Der zitierte Satz Benjamins steht im Zusammenhang einer Deskription der Beklemmung der barocken Welt auf Grund ihrer Immanenz. Nach drei Seiten sind ihr die Ausgänge verstellt: nach der Seite der Tat (wie bei Hamlet), der häretischen politischen Aktion und der positiven Transzendenz. Zwar tritt das barocke Drama das Erbe des christlichen Dramas an, aber es ist alles umgeprägt durch die Immanenz. Es gibt keine Möglichkeit des Zugangs in die Sphäre der Gnade. »Die Christenheit oder Europa ist aufgeteilt in eine Reihe von europäischen Christentümern, deren geschichtliche Aktionen nicht mehr in der Flucht des Heilsprozesses zu verlaufen beanspruchen«, sagt Benjamin [S. 257]. An Stelle des Heils steht für die kreatürliche Welt der barocken Immanenz die Katastrophe am Ende. Die geschichtliche Landschaft des Mittelalters ist noch erhalten, aber erstorben. Einzig sinnvoll sind nur noch die Bruchstücke. (Hier klingt schon das Motiv der Allegorie an.)

In dieser strengen, ausweglosen Immanenz steht das Gespenst an seinem wahren Ort. Das Gespenst ist der Schrecken des Kreatürlichen. Seine extrem barocke Gestalt ist das Totengerippe mit Fetzen von Fleisch und Gewand. Daß überhaupt der Begriff der Immanenz und der des Gespenstes eng zusammenhängen, darauf deuten gewisse Zustände der bürgerlichen Welt des 19. Jahrhunderts, die aus sich heraus das Gespenstische produzieren (z.B. bürgerliche Wohnung, bürgerliche Anonymität).[15]

Der verstellte Zugang zur Transzendenz führt zu *Spiel* und *Reflexion* [vgl. S. 259 ff.]. »Wenn dennoch das weltliche Drama«, sagt Benjamin, »an der Grenze der Transzendenz innehalten muß, sucht es auf Umwegen, spielhaft, ihrer sich zu vergewissern.« [S. 260] Das gilt aber nur für das spanische Drama; nur bei Calderon, nicht bei den Deutschen, gibt es das entfaltete Spiel. Durch das Spiel fällt ein Schein von Transzendenz in die immanente Sphäre des Dramas, ja, man kann von einem Hinüberspielen der Immanenz in den Schein einer Gnade sprechen. Der positive Zugang zur Transzendenz ist damit nicht gewonnen, es bleibt bei dem Bild der Immanenz. Es wird aber derart reflektiert, daß es als transzendentales Moment erscheint.

Bei den allegorischen Reyen des deutschen Barockdramas handelt es sich um eingelegte Bedeutungen, aber nicht um scheinhaftes Hereinbrechen der Transzendenz durch Reflexion. Sie geben sich als ernsthaft und sind ohne Spielcharakter. Das deutsche Barockdrama kennt nicht den Schein als eine vom Wirklichen getrennte Sphäre des Unwirklichen.

Alle illusionären Momente des Barock sind als übertriebene Wirklichkeit gerade Momente der Scheinlosigkeit (z.B. das bruchlose Hinüberführen des realen Innenraumes in einen im Fresko gemalten, die Fortführung der Dekoration des Zuschauerraumes durch die Bühne).

Ein weiteres Moment, das das spanische Drama vom deutschen Trauerspiel unterscheidet, ist die *Ehre*. »Im Wesen der Ehre hat das spanische Drama dem kreatürlichen Leibe seine adäquate kreatürliche Spiritualität und damit einen Kosmos des Profanen entdeckt, der deutschen Dichtern des Barock, ja selbst den späteren Theoretikern sich nicht erschloß.« [S. 266]

Im Begriff der *Spiritualität* verschränken sich das urgeschichtliche und das geschichtliche Moment, das Moment des Kreatürlichen und das der Subjektivität. Die Ehre stellt das Kreatürliche dar auf der Ebene der Subjektivität, die Ehre ist die kreatürliche Spiritualität. Der spiritus ist gleichsam ein zweiter Leib, steht als Allegorie ein für die Seele, die gerettet werden soll. Die Konzeption der Spiritualität ist extrem nach der Leibhaftigkeit gebildet. Die Leibhaftigkeit ist sowohl das Zeichen der Kreatürlichkeit des Menschen als seiner Vergänglichkeit.

Wenn Benjamin von der Analogisierung von Geschichte und Naturgeschehen spricht, so bedeutet das, daß das allerbestimmteste historische Geschehen ein Naturgeschehen – Naturschauspiel – ist. Die »Vernichtung des historischen Ethos« [vgl. S. 267 ff.] bedeutet nicht, daß das Menschliche in allgemeine Ideen erhoben wird, sondern daß die geschichtlichen Ereignisse in ihrer äußersten Konkretion selbst als Naturerscheinungen gedeutet werden. Das Historische steht nicht ein für ewige Ideen, sondern was heute geschieht ist selbst etwas, was das Ewige von Anbeginn ist. Hier ist der Ansatz der Allegorie. Es ist kein allgemeiner Naturvorgang, wenn der Fürst fällt, sondern ein Ereignis der Urgeschichte. Es ist in der Natur genauso vorgezeichnet wie das Fallen des Baumes. Es werden ein ganz bestimmtes geschichtliches Ereignis und eine bestimmte urgeschichtliche Kategorie in Beziehung gebracht. Wenn Benjamin S. 75 [263 f.] von der naturgemäßen Seite des Geschichtsverlaufes spricht, so faßt er hier die Natur als konstante Seite; die Natur wird hier noch als geschichtsfremd angesehen. In dem Begriff der »Vorgeschichte« (dem später der Begriff der »Urgeschichte« entspricht) ist das Ineinander von Natur und Geschichte deutlich ausgesprochen. Vorgeschichte ist eine Geschichte, die als Natur in Präexistenz vor der anderen Geschichte steht.   *I. Usener*

Protokoll vom 6.6.1932

Es wurde noch einmal die Frage nach dem Unterschied von Schein und Illusion aufgeworfen. Da im Barock alle Wege aus der Immanenz versperrt sind, so wird die Immanenz ungeheuer ausgeweitet; sie wird aufgebläht zur Illusion. Illusion ist nichts anderes als übertriebene Wirklichkeit. Sie steht nicht in Antithese zu ihr wie der Schein. Der gemalte Raum im Raum ist die Fortsetzung des Raumes, nicht seine Aufhebung wie die spielerische Scheinwelt des romantischen Theaters. Für das deutsche Trauerspiel wird Illusion als Ausweg in die Transzendenz nur möglich durch quantitativ stoffliche Häufung der Immanenz, nicht etwa durch ein Hereinbrechen des Transzendenten in das Kreatürliche. Die erlösende Wirkung dieses Auswegs ist daher nur eine ästhetische, keine theologische, die in das Sein selbst eingreift. Vielmehr steht das Sein unweigerlich im Kreatürlichen und fällt mitsamt dem Kreatürlichen unaufhaltsam dem Tod und der Endkatastrophe alles Leiblichen anheim.

Das Barock kennt daher auch keine eschatologische Heilserwartung, sondern vergräbt sich völlig in die gnadenlose Tiefe des Geschöpflichen. Erst im Untergang, in der letzten und endgültigen Vernichtung des Kreatürlichen vollzieht sich der Umbruch des Immanenten zum Heiligen und erlösten Gnadenstand. Die barocke Hoffnung ist daher keine eschatologische, sondern ein bebendes Erwarten der Naturkatastrophe, sie ist mehr Angst als Hoffnung, d.h. sie ist chiliastisch, nicht eschatologisch.

Da also alles Geschehen in die Natur gebannt ist, so gibt sich auch der Schauplatz der Bühne versteckt oder offen immer als Naturpanorama. Im König als der Spitze der Kreatur spielt sich das ganze Trauerspiel der Natur ab. Deshalb wird der Hof zum eigentlichen Schauplatz dieses Geschehens. Calderon rückt ihn in die Natur selbst hinein, und im deutschen Trauerspiel erscheinen Flüsse, Berge, Meere und Länder als Allegorie für den Fürsten und seinen Hofstaat. In einem Gedicht Lohensteins wird die ganze Erde zum allegorischen Leichnam des Menschen.

Da nun die Natur in sich selbst den Keim des Untergangs trägt, so ist das Zentrum der Natur, d.h. der Hof, zugleich das Zentrum des Verderbs, zugleich die Hölle. Die Hölle ist das Gegenbild der chiliastischen Hoffnung, die chiliastische Verzweiflung, die radikale Zukunftslosigkeit in der Katastrophe des Kreatürlichen. In ihr wird die Zukunft und damit die Zeit überhaupt vernichtet. Das Geschehen erstarrt zum bloßen Raum. Hölle ist absoluter Raum. Ihre allegorische Darstellung findet sie im Schauplatz des fürstlichen Hofes. Im leiblich-kreatürlichen Schmerz des Märtyrer-Tyrannen, im melancholischen Starrblick des Königs auf das höllische Zentrum hin offenbart sich zugleich die Tragödie jener ganzen physischen Hierarchie, in die Welt und König eingespannt sind.

Die Haupt- und Staatsaktion ist also schon in sich ein Naturschauspiel, aus dem das Moment der historischen Zeit bereits herausfällt. Sie steht deshalb nicht, wie man landläufig mit Hübscher[16] meint, im antithetischen Gegensatz zum Schäferspiel, sondern findet ihre Entsprechung in ihm. Die Pastorale ist nicht Flucht aus der Zeit in eine Rousseausche beseligende Natur, sondern das Historische geht hier selbst zwangsläufig ein in die Natur. Staatsaktion und Pastorale entsprechen sich in ihrer Verräumlichung der Zeit. Es steht keine grauenvolle Zeitlichkeit gegen eine erlösende überzeitliche Natur, sondern das Zeitliche ist auf ein Nichtzeitliches bezogen, die Geschichte selbst ist intentionsloser Stoff, der erst im allegorischen Bild eine Deutung, im Umbruch der Katastrophe zur gnadenreichen Zukunft ein Element der Zeit erhält. Zunächst aber werden gerade in der Pastorale die Gestalten der Geschichte wie in einem Tempel versammelt, die Geschichte wandert in den Schauplatz des Schäferspiels hinein und wird nur noch durch ein Moment der Erinnerung, des Nachruhms, erfaßt.

Es erhebt sich die Frage, ob nicht auch die ganze Hegelsche Geschichtsphilosophie gebunden ist an solch eine Vorstellung verräumlichter Erinnerung, ob nicht die Selbstentfaltung des objektiven Geistes in der Geschichte als ein nachträgliches Objektivieren und Vor-sich-Hinstellen des Gewesenen gedeutet werden muß, d.h. ob nicht der Geschichtsprozeß überhaupt erst dann zu seiner Objektivierung gelangt, wenn er bereits seine Lebendigkeit verloren hat. Denn eine Objektivierung zum sich selber bewußten, absoluten Geist ist ja nur möglich, wenn sich das unmittelbare Geschehen in seinem eigenen Verlauf unterbricht, gewissermaßen in den Raum gestellt und geborgen wird. Indem sich das historische Geschehen seiner selbst bewußt wird, sieht es sich selbst als Vergangenheit, es selbst wird zur Vergangenheit und versammelt sich im Tempel des Nachruhms zu seinen Vätern. Durch die Objektivierung seines Systems zur Darstellung des objektiven Geistes hat Hegel die Kategorie des Lebendigen, die noch für seine frühe Zeit maßgebend war, aufgehoben zugunsten einer Anschauung des Vergangenen im Gegenwärtigen. Der dialektische Prozeß würde danach also gar nicht mehr in die Gegenwart hineinragen. Die Geschichte wäre ihm nur noch Allegorie, in der das Gewesene sich räumlich im Gegenwärtigen darstellte. In der ganzen Konzeption der Identität als Identität für das Gewesene steht Hegel dem späteren Schelling näher, als er glaubte. In der romantischen Philosophie wird eigentlich die Barockproblematik wieder aufgenommen.

Indem das Barock die Geschichte zur Naturgeschichte werden ließ, konnte sich eine Beherrschung und Lenkung des Geschehens durch den Herrscher oder Intriganten nur stützen auf genaueste Kenntnis der psychophysischen Beschaffenheit der menschlichen Natur. Machiavell entwickelte daraus seine ganze politische Technik und zyklische Geschichtstheorie: der Monarch ist als Spitze der Natur die urgesetzte legale Instanz. Als natürliches Wesen aber verfällt er notwendig der Hybris. Er wird gestürzt und die Demokratie entsteht, die selbst wieder durch die Natur des Menschen, durch Neid, Haß, Ehrgeiz usw. korrumpiert wird und die Tyrannis aus sich entwickelt, die sich dann wieder zur legalen Monarchie erhebt, worauf das Spiel von neuem beginnt. Der Herrscher muß also mit der Menschennatur rechnen als einer konstanten Gegebenheit. Das gesamte Geschehen ist eingezwängt in einen Mechanismus der Leidenschaften, ein getriebenes Uhrwerk, dessen Zeiger und Gewicht der Fürst und dessen Räder seine Räte sind. Im Hintergrund dieser Konzeption steht die philosophische Vorstellung von der Welt als einem Ablauf zweier Uhren, die aufeinander eingestellt sind, der Uhr des Bewußtseins, der res cogitans, und der Uhr der Physis, der res extensa. Es gibt drei Möglichkeiten ihres gegenseitigen Ablaufs: entweder ist eine Uhr nach der anderen gestellt, oder es reguliert Gott als Vermittler anhaltend den Verlauf, wie bei den Okkasionalisten, oder er hat, drittens, wie bei Leibniz die Uhren von vornherein einmal aufeinander eingestellt. Gemeinsam ist all diesen Konzeptionen der mechanisch-physikalische, nicht organische Charakter des Ablaufs der Welt. Auch hier verliert die Zeit ihre Dynamik, ihre »durée« im Sinne Bergsons, sie wird durch die Uhr gewissermaßen zerstückelt, meßbar aufgeteilt und damit zur plastisch-räumlichen Anschauung gebracht. Wer den Takt des Sekundenzeigers beherrscht, beherrscht auch das ganze Geschehen. Darin besteht die Rolle des Intriganten. Er ist selber der Takt des Sekundenzeigers. Er stellt darum, wenigstens im spanischen Drama, eine merkwürdig zweideutige Geistigkeit dar. Einmal ist er die Klugheit selber, woraus er seine Macht schöpft. Zweitens aber stürzt er selbst in ein solch bodenloses Wissen um das verhängnisvolle Räderwerk der Dinge, daß sein Wissen umschlägt in Ekel und Trauer und der Intrigant zum Heiligen wird.

So wird die wirbelnde Jagd der Affekte schließlich überwunden in erstarrter Besinnung, die Schaubühne wird zur moralischen Anstalt, allerdings in umgekehrtem Prozeß als bei Schiller: gerade in der Brechung der moralischen Willenskraft durch die Gewalt der Affekte, wie sie sich im spätbarocken Drama immer heftiger ausrast, überschlägt sich der Affektrausch in sein Gegenteil, in das deutende Exempel, die moralische Allegorie. Indem der Mechanismus der Leidenschaften durch die Leidenschaft selbst zermalmt wird, tritt er ein in die sittliche Autonomie des Heiligen. So wird Aristoteles und die antike Tragödie zerstört, überwunden und zugleich auf einer neuen Stufe erhöht und triumphal gefeiert.

Wilhelm Emrich

Protokoll vom 13.6.1932

Auf Grund einer Diskussion über die Möglichkeit, Kategorien, mit denen Benjamin im Barock arbeitet, in allgemeine theologische wie Erlösung, Gnade u.a. zu übertragen, ergibt sich die Notwendigkeit, die Methode Benjamins genauer zu analysieren und sie von der üblichen geistesgeschichtlichen Betrachtungsweise abzuheben.

Es handelt sich im wesentlichen um zwei Fragen. In der Betrachtung des Barock und der Theorie des Trauerspiels tauchen bei Benjamin Ideen auf. Die erste Frage ist nun, ob diese Ideen mit denen der Geistesgeschichte grundsätzlich übereinstimmen oder ob dieser Ideenbegriff auf einer ganz anderen Ebene liege. Wird letzteres bejaht, so bleibt immer noch zu beantworten, welchen Rechtsanspruch Benjamin auf die Hervorhebung gerade dieser Ideen aus dem Barock hat.

Die erste Frage wird alsbald beantwortet dadurch, daß auf die entscheidenden Unterschiede hingewiesen wird, die offen zutage liegen. In der geistesgeschichtlichen Betrachtung wird eine Totalität der Ideen auskonstruiert; und die Totalität ist bereits vorgegeben. Die Ideen sind ihrerseits zusammengefügt zu einer großen Idee, so daß sie gewissermaßen an einem Faden aufgereiht sind. Das Entscheidende ist nun, daß diese Ideen allesamt einen überzeitlichen statischen Charakter haben und ablösbar sind von dem jeweiligen geschichtlichen Stand.

Bei Benjamin dagegen sind Ideen nicht überzeitlich und von dem konkreten Geschichtsverlauf ablösbar. Sie schließen sich nicht in einer Totalität zusammen, sondern werden nebeneinander geordnet, ohne daß es eine übergreifende Idee gäbe. An einem Beispiel wird die geistesgeschichtliche Betrachtungsweise Diltheys, der methodisch Benjamin verhältnismäßig am nächsten kommt, dessen Methode gegenübergestellt. Wenn etwa Dilthey die Jugendgeschichte Hegels untersucht[17], so ist das letzte, worauf seine Analyse stößt, ein psychologisches Grunderlebnis. Von diesem letzten Residuum, dem Erlebnis, wird behauptet, daß es zündet. Wenn aber das Erlebnis gezündet hat, wird diese Deutung dem Material transzendent und das Material vernichtet. Dem Einwand, daß Dilthey immerhin verschiedene Typen herausstelle, wird damit begegnet, daß sich die Typen tatsächlich auf die eine Subjekt-Objekt-Spannung reduzieren lassen. Wenn auch Benjamin die Subjekt-Objekt-Spannung nicht einfach ignoriert, sondern sie als geschichtliches Faktum beachten muß, so ist sie jedoch nicht die Grundsituation, auf die alles reduziert werden kann. Vielmehr ist das Verhältnis vom Subjekt zum Objekt ein historisches Moment, das bei ihm *neben* anderen zu stehen kommt, und zwar dadurch, daß es als geschichtliches erkannt[18] wird.

Nachdem genügend geklärt ist, wie sich die »Ideen« bei Benjamin von den geistesgeschichtlichen Ideen unterscheiden, erhebt sich die zweite Frage, woher denn nun Benjamin seine Kategorien gewinnt. Da einerseits ein Hinein-Interpretieren nicht zulässig ist, andererseits bei jeder Deutung aus dem Material die Gefahr besteht, daß die Ideen material-transzendent werden und sich dem Stoff gegenüber selbständig erheben, scheint eine Aporie hier vorzuliegen. Wenn hier eine Lösung gelingen sollte, müßte eine Deutung gefunden werden, die jenseits der genannten Alternative liegt.

Um dem zentralen Problem: wie ist es möglich, eine Theorie zu entfalten, ohne sie selbst vorauszusetzen, näherzukommen, wird auf die Methode hingewiesen, die Benjamin bei der Kritik der Tragödientheorien anwendet. Wenn Benjamin etwa feststellt [vgl. S. 291], daß die philosophische Geschichte des Dramas mit den Untersuchungen Franz Rosenzweigs einen Fortschritt gemacht hat, so heißt das nicht, daß in der Geschichte des Geistes eine Theorie die andere ablöst, – also hier Rosenzweigs Theorie die Schopenhauersche Auffassung abgelöst hätte. Sondern dann kann ein Fortschritt konstatiert werden, wenn ein größerer Teil des Materials der Lösbarkeit zugänglich gemacht wird als in der vorigen Deutung. Die verschiedenen Theorien, die aufgetreten sind, gehen selbst in die Geschichte ein und werden in der fortgeschrittensten Deutung miterfaßt, die selbst in der Durchsichtigmachung der Probleme am weitesten vorgedrungen ist. Denn die Probleme sind im Kunstwerke selbst angelegt; und diese zu fördern, ist die Sache der Kritik. Die Frage ist nun, weshalb Benjamin gerade diese Probleme herausgreift, da doch unmöglich alle Probleme gleiche Dignität haben. Die Frage wird dahin beantwortet, daß das Material, mit dem Benjamin es zu tun hat, nicht amorph sondern bereits artikuliert ist. Es gilt jetzt, den äußersten Umkreis zu ziehen. Die Extreme sind dann die virtuellen Schnittpunkte, an denen sich die Linien der Probleme überschneiden. Das Gebiet aber, das zwischen den Extremen liegt, wird durch die Aufhellung der Probleme selbst miterleuchtet. Das barocke Kunstwerk ist – wie übrigens jedes Kunstwerk – mit seiner Fertigstellung[19] nicht abgeschlossen, sondern geht in die Geschichte ein. Die Deutung, im Verlauf der Zeit sich ändernd, ist die Erschließung der Probleme. Wenn eine solche Erschließung nicht mehr möglich ist, ist das Kunstwerk abgestorben; von hier aus ist das archaische Kunstwerk zu begreifen. *Posen*

Ergänzung zum Protokoll vom 13.6.1932

Der Versuch, die von Benjamin gewonnenen Kategorien zu übersetzen in allgemein zugängliche Denkformen, wurde abgelehnt mit der Begründung, ein solches rein geistesgeschichtliches Verfahren würde die Benjaminschen Kategorien zerstören, da diese ihrem Wesen nach unablösbar seien von dem jeweils einzelnen konkreten historischen Ort, an dem sie aufgefunden und dargestellt wurden. Da jedoch Benjamin nicht in einer bloßen positivistischen Stoffübermittlung verharrt, sondern den Stoff in eine Deutung überführt, so ergibt sich die Frage, ob diese Deutung nicht notwendig schon von vornherein von dem historischen Ort des Materials losgelöst sei, da sie ja von einem anderen historischen Ort aus vollzogen wird, d.h. ob die Benjaminsche Methode sich nicht dennoch mit der geistesgeschichtlichen berühre. Zwar konzipiert die Geistesgeschichte im Unterschied zu Benjamin allgemeine, überzeitliche Ideen, die niemals restlos in einer Konkretion eingehen und untergehen, sondern ständig zu neuen Objektivationen drängen und so die Geschichte weitertreiben, aber andererseits behauptet auch sie, die Geistesgeschichte, daß eine solche überzeitliche Idee überhaupt nur dann Realität besitze, wenn sie sich in der konkreten Einzelerscheinung manifestiere, und losgelöst von ihrer zeitlichen Gestalt überhaupt nicht gedacht werden könne. Wenn etwa Dilthey das gesamte Geschehen auf die Subjekt-Objekt-Spannung reduziert, so deduziert er sie trotzdem ausschließlich aus den Konkretionen dieser Spannung, so daß die Subjekt-Objekt-Korrelation nur als allgemeinste Grundkategorie erscheint, die dem Menschen mitgegeben ist, wie etwa die Grundstruktur seines Körpers ihm zu allen Zeiten und Orten als gleichbleibender Grund bleibt, ohne damit die historische Vielfalt seines körperlichen Ausdrucks zu brechen oder zu entleeren. Wenn aber Benjamin die Forderung aufstellt, »historische Sachgehalte, wie sie jedem bedeutenden Werke zugrunde liegen, zu philosophischen Wahrheitsgehalten zu machen« (S. 181 [358]), so liegt hier dennoch eine grundsätzliche Differenz zu Dilthey vor, denn er erhebt nicht die aus der Sache gewonnene Wahrheit zu einer jenseits und über der Sache stehenden Idee, die er selbständig werden und dadurch den Sachgehalt wieder rückwirkend verschlingen läßt, sondern er stellt diese Forderung nach dem philosophischen Wahrheitsgehalt nur um des Materials selbst willen. Das Material enthält in sich einen bestimmten, begrenzten Umkreis von Wahrheit, der in dem Kunstwerk selbst aber ausschnitt- und bruchstückhaft erscheint. Diesen Ausschnitt gilt es zu ergänzen. Das geschieht im Verlauf der ihm folgenden historischen Deutungen. Diese Deutungen schöpfen also nur den in dem Material selbst angelegten Umkreis von Wahrheit aus. Je weiter der Kreis gefüllt, der Bogen fortgeführt ist, um so weiter ist die Forschung fortgeschritten. Ist der Kreisbogen vollendet, so ist auch der im Werk angelegte Wahrheitsgehalt erschöpft, das Kunstwerk selbst erstorben. Die Methode zur Wahrheitserfassung ist um so sicherer, je mehr sie sich dem äußersten Umkreis nähert, je stärker sie die Extreme zu erfassen vermag, denn in diesem Augenblick hat sie auch die innerhalb der Extreme liegenden Probleme umspannt. Die Entfaltung des Wahrheitsgehaltes wird also damit auf eine bestimmte historische Zeitdauer beschränkt, sie vollzieht sich nicht, wie in der geistesgeschichtlichen Methode, in einem ewig fortlaufenden Prozeß.

Als Entfaltung aber eines Wahrheitsgehaltes wird sie auch von Benjamin noch gesetzt, und es fragt sich nun, ob und wieweit sich diese im Material angelegte Intention von der geistesgeschichtlichen Idee unterscheidet. Einmal ist die Behauptung einer im Material selbst angelegten Idee, die sich im Laufe der Geschichte kreishaft runde, selbst eine vorausgesetzte Idee, die ihre Entsprechung wohl im Barock finden mag, nicht aber in allen übrigen Epochen, und selbst im Barock sich einzig und allein aus der Theologie begründen läßt, niemals aber aus der Wirklichkeit selbst. Wenn etwa behauptet wird, in der real-kreatürlichen Welt sei im

Unterschied zum Kunstwerk eine moralisch gerichtete Intention angelegt, etwa ein Verfallensein an Tod, Gericht und Endkatastrophe, so kann dies unmöglich aus der rein materialen Gegebenheit entwickelt werden, da sich im Real-Kreatürlichen eine ebensolche Tendenz nicht unmittelbar findet, sondern nur aus theologischen, d.h. aber wieder ideengeschichtlichen Zusammenhängen dargetan werden kann. Der Einwand, Material sei hier nicht im statisch-naturhaften, sondern im dialektisch-historischen Sinn zu fassen, es sei schon in sich artikuliert, Intention und Stoff seien von Anfang an unlösbar ineinander verwoben, in einen bestimmten historischen Raum gestellt, so daß also sehr wohl jene theologischen Begriffe wie Tod, Auferstehung usw. unmittelbar mit ihnen gegeben sein können, ist nicht stichhaltig, da sich auf diese Weise nicht erklären läßt, wie sich der Übergang von der einen Materialintention zu der anderen vollzieht. Setze ich nämlich, wie es Benjamin tut, ein bestimmtes artikuliertes Material, das im Lauf der Geschichte durch die in ihm angelegte Intention vom historischen Sachgehalt zum philosophischen Wahrheitsgehalt erhoben wird, so gibt es nur zwei Möglichkeiten: entweder wird durch die Erhebung zum philosophischen Wahrheitsgehalt auch das Material auf eine neue Stufe gehoben, verwandelt und damit wieder zum Ausgangsstadium für einen neuen Prozeß dialektischer Stufenentwicklung. Damit ergibt sich eine unendliche Linienführung durch die ganze Geschichte hindurch, und wir sind wieder in der Hegelschen Geistesgeschichte, wobei die Verwandlung des Materials wieder nur als durchgehendes geistiges Prinzip verstanden werden kann, mag dieses Prinzip nun im Material selbst angelegt sein oder nicht. Oder aber ich lasse das Material, wie es Benjamin unternimmt, in seiner ihm eigenen Würde und lasse es nur zur Entfaltung des in ihm bruchstückhaft angedeuteten Wahrheitsgehaltes gelangen. Dann aber muß ich für jeden Materialkreis eine gänzlich neue und anders geartete Intention annehmen. Die Geschichte erscheint dann nicht mehr als fortlaufender Prozeß, sondern als ein Hinter- oder Nebeneinander völlig getrennter Problem- oder Darstellungskreise. Für jeden Fall muß ich ein besonderes Material aus der ihm zugehörigen Intention setzen. Da ich diese aber nicht aus einer vorangegangenen Stufe historisch entwickeln darf und kann, so komme ich notwendig zu einem von Anfang an und ursprünglich gesetzten Material plus Intention, d.h. ich komme zu einem Nebeneinander verschiedener, in sich völlig abgeschlossener und ewiger Seinsgebilde. Ob ich das Material oder die ihm innewohnende Idee als primär setze, ist hier ohne Belang, da ich Material und Idee selber als von Anfang an seiend setze und damit als statisch sich rundende, ewige Einheit, d.h. als platonische Idee fassen muß. Die Benjaminsche Vorstellung von dem streng geschiedenen Nebeneinander platonischer ewiger Ideen ist deshalb, soviel ich sehe, keine sekundär ihm unterlaufende Entgleisung, sondern die notwendige und unabweisbare Konsequenz aus seiner Methode. Daß sich diese Ideen im Unterschied zu Platon erst in der Geschichte darstellen und entfalten, macht prinzipiell keine Differenz aus. Denn wenn ich auch einen Kreis erst als Bruchstück setze, so habe ich ihn im Grunde schon als Totalität gedacht, denn in dem Ausschnitt liegt ja schon vorgegeben das Bild des ganzen Kreises.

Es läßt sich ferner fragen, ob die Entfaltung des philosophischen Wahrheitsgehaltes nicht ebenso notwendig zu einer Aufhebung des historischen Sachgehaltes führt wie bei Dilthey. Denn wie die Allegorie in der bloßen Anschauung ihres eigenen düsteren Sachgehaltes nicht treu verharrt, sondern in ihrer letzten Intention treulos überspringt zur Auferstehung, damit ihr eigenes Material verleugnend und verlassend, so muß auch die Benjaminsche Chiffre in ihrer letzten und äußersten Wahrheitserfüllung sich selbst und ihr eigenes historisches Sein verlassend auferstehen zur statischen, ewig verharrenden und gesicherten Idee, mag diese sich auch ruinenhaft einreihen in die Fülle nebeneinander geordneter Ideen. Indem solchermaßen Benjamin die überzeitlichen Ideen des deutschen Idealismus an einen konkreten historischen Ort bannte und die einzige ewige Idee auf die Vielheit der gleichgeordneten Ideen reduzierte, sie aber in das ewige Licht der Ruine hüllte, erweist er sich als Idealist mit Einschränkung und seine Methode als Geistesgeschichte in Bruchstücken.

Wilhelm Emrich

Zum Ergänzungsprotokoll vom 13.6.1932

Die Notwendigkeit, die sich aus der Benjaminschen Methode ergibt, in sich abgeschlossene und getrennte, völlig neu in der Geschichte aufbrechende Problemkreise zu setzen, muß prinzipiell zugestanden werden, zugleich aber ist eine entscheidende Abgrenzung gegen die platonische Ideenlehre zu fordern. Die Ideen im Benjaminschen Sinn sind keine ewigen, jenseits der Zeit stehenden Gebilde, sondern nur *mit* und *in* der Geschichte gegeben. Sie »offenbaren« sich nicht in den raum-zeitlichen Konstellationen, sondern sind identisch mit diesen. Es sind keine »Ideen«

im eigentlichen Sinn, sondern bestimmte, nur auf Grund einer bestimmten Konstellation in einem bestimmten historischen Moment auftretende Seinsgebilde, die sich mit der Auflösung dieser Konstellation ebenfalls auflösen. Sie sind darum weder ewig, noch sind sie, wie bei Platon, auf eine bestimmte Zahl beschränkt.[20] Jederzeit und in jedem Raum können neue Konstellationen entstehen und alte absterben. Den Anschein des Ewigen erhalten sie allein durch ihre Setzung von Anfang an und durch die Undurchdringlichkeit ihres grundlosen Aufsteigens aus einem grundlosen Sein. Sie sind, auch *in* der Geschichte, als Urschöpfung wie zum ersten Tage gesetzt, da sie sich nicht aus einer vorangegangenen historischen Zuständlichkeit entwickeln lassen; aber diese ihre Setzung ist nur möglich auf Grund jener historischen Zuständlichkeit. Wenn daher gesagt wird, sie stünden als statisch verharrende, als ewige Ruinen im Wandel, so ist damit dennoch das gerade Gegenteil zur Geistesgeschichte gegeben. Denn als Ruinen sind sie ein Doppeltes: einmal ein urgeschichtlich und von Anfang an gesetztes, zugleich aber das geradezu exemplarische Monument einer ganz bestimmten historischen Epoche. Ihre Ewigkeit ist erstarrte Zeit, aber kein Jenseits der Zeit.

Aus dieser Doppelheit von Urgesetztheit und geschichtlicher Konkretion ergibt sich für die erkenntnistheoretische Erfassung, daß einerseits das Material als einmal und von vornherein gesetztes hinzunehmen ist und nicht mehr auf weitere Ursachen zurückgeführt werden kann und darf, wie es seither die Geistesgeschichte immer vergebens versucht hat. Der als Geschichte aufbrechende Wahrheitsgehalt ist weder aus der Geschichte zu erklären, noch durch Analyse der »Wahrheit« zu enträtseln. Die Wahrheit ist ein geschlossenes An sich, dessen Erschließen den Zerfall des Geschlossenen bedeuten würde, wie das Durchstoßen des Undurchdringlichen in der Ruine zugleich den Ruin der Ruine bedeutet. Die Gründe und Ursachen eines in der Geschichte neu auftretenden Wahrheitsgehaltes zu erfassen, wird damit als prinzipiell unmöglich erkannt und jeder Versuch in dieser Richtung als intellektuelle Hybris abgelehnt. Möglich aber ist es, den Wahrheitsgehalt historisch zu umgreifen, von seinen Extremen aus den Ort seiner Konkretion zu umkreisen und genau zu fixieren. Der Übergang von einem Problemkreis zum anderen, von einer historischen Epoche zur anderen läßt sich danach also sehr *wohl* bestimmen. Indem ich von einem historischen Sachgehalt ausgehe, seinen größtmöglichen Radius beschreibe und alles zu ihm gehörige in diesen Radius einbeziehe, erhalte ich ein festes Bild gerade dieses Sachgehaltes, etwa das Bild des barocken

Trauerspiels, das sich weit über die zeitliche Begrenzung des Barock im engeren Sinn erstrecken kann. Indem ich dasselbe von anderen Sachgehalten aus tue, erhalte ich eine Fülle sich schneidender Kreise, so daß etwa eine einzige historische Erscheinung zugleich erfaßt ist in ihrer Mischung barocker, renaissancistischer oder sonstiger Elemente. Die eindeutig zeitliche Aufeinanderfolge der Epochen und Richtungen wird damit als sachlich unzureichend aufgehoben und an ihre Stelle ein aus dem konkreten Material selbst entspringendes, das Material selbst darstellendes Erkenntnisprinzip gesetzt. Material und Deutung des Materials sind nun in eins geflossen und zur objektiven Selbstdarstellung gelangt, allerdings mit dem Verzicht auf eine allumfassende, den Sinn des Gesamtgeschehens begreifende Erkenntnis. Indem sich in bruchstückhaften Kreisausschnitten Teile des historischen Geschehens auffangen und selbstanschauend sich retten als Monumente ihrer selbst, versinkt ihnen der Anspruch, Symbol jeglichen Seins zu verkörpern, und sie[21] umgreifen, befreit von der Leere des Alls, die Plastik des hic et nunc. *Wilhelm Emrich*

Protokoll, ohne Datum [Ende Juni 1932]

In Ergänzung des Referats werden einzelne wesentliche Momente aus der Tragödientheorie Nietzsches, der Klassik und des deutschen Idealismus schärfer akzentuiert.

Benjamins Betrachtung geht von der Einsicht aus, daß das gegenwärtige Erleben der antiken Tragödie inkommensurabel sei. Alle Möglichkeiten des Mitempfindens, des unmittelbaren Sich-hineinfühlen-Könnens ablehnend, gelangt er zu einer Deutung der Tragödie aus der Geschichte, die sie erfahren hat.

Dies ist die Gegenposition zu einer Haltung, wie sie Volkelt, der typische Vertreter der epigonalen Ästhetik des 19. Jahrhunderts, eingenommen hat. [Vgl. S. 279 f.] Er glaubte, das Kunstwerk zureichend erklären zu können aus der Wirkung, die es auf den »Genießenden« ausübt, aus den Gefühlen, die den schaffenden Künstler erfüllen, zuletzt nur und sozusagen befehlsweise aus Material- und Formkriterien des gestalteten Kunstwerks selbst.

Dieser durchaus geschichtsfremden Betrachtungsweise stand schon vorher gegenüber ein aktuell geschichtsphilosophischer Ansatz bei Nietzsche in seiner *Geburt der Tragödie*. [Vgl. S. 280 ff.] Nietzsche gewann seinen geschichtsphilosophischen Standort durch eine Wendung gegen seine eigene Zeit und durch eine Kritik an der klassischen Tragödientheorie.

Die Stellung gegen seine Zeit ist bestimmt durch die Kritik am Fortschrittsbegriff und an der Dekadenz, die sich an ihrer harmonistischen Kunstanschauung erweist. (Wagner als Gegentyp dieser Dekadenz beim frühen Nietzsche.) Nach Nietzsche ist die Welt der Antike nicht rekonstruierbar, sie ist eine Welt der geschlossenen Form, notwendig pessimistisch. Die moderne Welt ist eine Scheinwelt, unmythisch, optimistisch. Es erweist sich klar der Zusammenhang von Glauben an die Möglichkeit der Einfühlung, an offene, ungeschichtlich und undialektisch einem jeden zugängliche Form einerseits und Fortschrittsglauben, Optimismus, harmonistischer Kunstanschauung andererseits. Dem Optimismus seiner Zeit stellt Nietzsche die mythische, gespaltene Welt der Antike gegenüber, in der Versöhnung mit den dämonischen Mächten allein im *Bild* (in der Kunst als der Sphäre des schönen Scheins) möglich ist. Die wechselseitige Beziehung des *Rausch-* und *Bild*begriffes bei Nietzsche wird klargestellt. Der Rauschbegriff dient dazu, die idealistische Trennung der Welt in Objekt und Subjekt aufzuheben. Anstelle einer statischen und totalen Aufnahme von gegenüberstehenden kongruenten Sinngehalten tritt eine Sinngebung vom punktuellen momenthaften Rausch aus. Weder fließt aus der Kunst dem Dasein, noch aus dem Dasein der Kunst unmittelbar ein Sinn ein. In einer tangentenhaften Berührung mit dem Kunstwerk, dessen Totalität verschlossen bleibt, wird im Rausch der Sinn des Daseins im Bilde erfaßt. Denn für eine Welt, deren Sinngebung nur im rauschhaften Vollzug möglich ist, in der die Kunst wie die Wirklichkeit ihren Objektcharakter verloren haben, ist notwendig der Sinn des Daseins nur im losgelösten Bilde erfüllbar. Es erweist sich, daß diese Konzeption Nietzsches imstande ist, die Distanz der antiken Tragödie zu allem »nachfühlbaren Erleben« prägnant zu formulieren, aber nicht ausreicht, eine inhaltliche Analyse zu geben.

Im weiteren Verlaufe des Referats wird auf das Kernstück der epigonalen Tragödientheorie, die »Lehre von tragischer Schuld und tragischer Sühne«, näher eingegangen. [Vgl. S. 283 f.]

In Benjamins Betrachtung rückt die Kategorie des »Opfers«, die im Mittelpunkt der antiken Tragödie stand, an die zentrale Stelle. [Vgl. S. 285] Das Opfer ist nicht zu isolieren als allgemein menschliches, innerpersönliches Faktum, es hat keine individuelle, sondern eine gesellschaftliche Funktion. Es wird getan als Sühne für die alten Götter, die Vertreter der mythischen Welt, und als Voropfer für die neuen geschichtlichen Götter. Es hat seinen prägnanten Sinn darin, daß es die Dialektik des Mythischen und Geschichtlichen zu regeln hat.

Die nachklassische idealistische Übertragung moralischer Kategorien aus dem Leben wirklicher Menschen auf die Gestalten des Kunstwerks wird zurückgewiesen. Ein grundsätzlicher Unterschied ergibt sich aus der einfachen Tatsache, daß Menschen *Geschöpfe*, Kunstwerke aber *Gebilde* sind. Der kreatürliche Mensch ist einsam, die Personen des Kunstwerks existieren nur im und nur wenige vermöge der Totalität des Kunstwerks.

Zuletzt wird auf einen Einwand näher eingegangen, der zugibt, daß das Moralische nicht an einzelne Personen und ihre Handlungen geknüpft ist, der es aber an die Totalität des Hintergrundes, an das integrale Ganze des Dramas gebunden sieht. In der Gestalt dieses Hintergrundes ergeht ein Gericht über die handelnden Personen des Dramas. Jedes Gericht setzt aber voraus, daß der Gerichtete einer freien Instanz gegenübersteht. Die einzelne Person des Dramas ist aber an das Ganze als an dieselbe Instanz gebunden. Ein Gericht über die einzelnen Personen ist nicht möglich. Die Analogie von ästhetischer Einzelperson und einzelmenschlichem Wesen ist aufzugeben. Die einzelne Person im Kunstwerk kann vom Hintergrund nicht abgelöst werden. *Bruno Raudszus*

Protokoll vom 1.7.1932

Das Problem der moralischen Einsicht als Kriterium für ein Kunstwerk wurde weiter behandelt. Für die klassische Ästhetik ist der in der Tragödie behandelte Konflikt undialektisch gefaßt insofern, als die Helden für eine statische Norm des Sittengesetzes untergehen. Bei Hebbel ist dies nicht mehr der Fall: bei ihm ist der tragische Konflikt zwischen zwei geschichtlichen, dem überkommenen und dem neuen Sittengesetz. Hebbels Theorie wird aber wiederum undialektisch mit der Ansicht über die eigenen Dogmen, daß jede moralische These vom Stück isolierbar sei, die Stoffe sich mithin beliebig auswechseln ließen.

Nach Benjamin liegt die moralische Integration des Kunstwerks in den Formen seiner Einmaligkeit beschlossen. Der Begriff der Schuld wird aus der moralischen Unmittelbarkeit, in der er sich noch bei Hebbel befindet, in eine geschichtsphilosophische Kategorie verwandelt. Vielmehr: er wird gänzlich als Wort »Schuld« eliminiert, das einen eindeutig moralischen

Charakter hat. Nicht mehr wie bei Hebbel ist der Konflikt zwischen zwei historischen Moralen ausgebrochen, die selbst auf eine Welt des Moralischen bezogen sind, so daß auch diese Dialektik nur eine scheinbare ist, sondern der Konflikt besteht in der Auseinandersetzung zwischen dem Mythischen und dem neuen Genius des Menschlichen. Hierin ist wieder der Ansatz des Begriffs Naturgeschichte spürbar, der dies Mythische deutet und aus undialektisch Anthropologischem heraushebt.

Daß die Deutung Benjamins richtig ist, erweist sich an der im Text folgenden Explikation des Verhältnisses von Tragödie und Sage. [Vgl. S. 284 ff.] Die tendenzlose Natur der Sage wird durch die Tragödie gerichtet, in einem doppelten Sinn: erstens ist die Tragödie Gericht über die mythischen Vorgänge der Sage. Zweitens ist sie eine »Ausrichtung«, Ausprägung einer neuen, in der Sage gefundenen Tendenz. Deshalb sind die Stoffe nicht auswechselbar, sondern das Ursprüngliche Richtung und nicht Deutung. Die Sagen sind nicht aufgelöste Stofflichkeit, sondern bleiben. Darum kann auch der Begriff des Mythischen nicht exemplarisch gefaßt werden, sondern nur in der Einmaligkeit der Pragmatik, so daß also in der Tragödie selbst die pragmatische Kontingenz unauswechselbar die Umrichtung darstellt.

Zur »Theorie des Schweigens« [vgl. S. 286 f.] wurde folgendes gesagt: der Held muß schweigen, weil er die Welt nicht mehr und die Welt nicht ihn versteht. Das Schweigen ist im Verstummen zugleich die abweisende Geste und Herausbildung zur Kritik der Gemeinschaft. Dadurch, daß die Sprache entfällt, wird die Leiblichkeit des Helden zum Merkmal des Menschlichen, und er wird, im Tod, als Opfer gegeben. Auf der Spitze des Mythos enthebt sich also der Mensch der Natur durch den Tod. – Ferner wurde noch auf Benjamins Einwand gegen die Theorie des »Selbst« als ein gleichzeitiger gegen die Existenzialphilosophie hingewiesen. [Vgl. S. 287 f.]

Peter von Haselberg

Teilprotokoll vom 4.7.1932

In Schopenhauers Bestimmung der Tragödie als Trauerspiel [vgl. S. 290 f.], wie in seinem Denken überhaupt, sind so charakteristisch barocke Elemente enthalten, daß es nur konsequent ist, wenn er das neuere Trauerspiel über die griechische Tragödie stellt. Es wird dabei an die barocke Zuordnung von Genie, Souverän und Melancholie erinnert, an die Genialität des Souveräns, an die Transposition politischer Elemente ins Bereich des Innerlichen.

Worin besteht der Fortschritt von Franz Rosenzweigs Einsichten in das Verhältnis von Trauerspiel und Tragödie gegenüber den Schopenhauerschen? [Vgl. S. 291] Rosenzweig spricht nicht von einem prinzipiell immer gleichen Helden, wie ihn Schopenhauer unter der Kategorie der Resignation – der vollständigen christlichen oder der unvollkommenen stoischen – annimmt, er unterscheidet vielmehr scharf das Wesen des Tragödienhelden von dem des neuzeitlichen Märtyrerhelden. Der moderne Held hat Bewußtsein; der antike ist stummes Selbst. Entsprechend besteht für Hegel im Selbstbewußtsein Freiheit von der mythischen Gebundenheit.

Was bedeutet bei Rosenzweig »beschränktes Bewußtsein des neueren Helden« [zit. ebd.]? Es bedeutet, daß dieser Held des Trauerspiels an einem einmaligen Ort steht, nicht aber, daß sein Bewußtsein als solches beschränkt sei.

Rosenzweigs Bemühen wird kritisiert, eine Tendenz zur absoluten, alles bedeutenden Tragödie in der Richtung auf eine Einheit des Charakters im Heiligen aufzuzeigen.

Kurt Bergel

Protokoll vom 18.7.1932

Der ersten Stufe der Tragödie, mit dem schweigenden Opfertode des Helden, stellte Benjamin die zweite mit dem rationalen Geist des »Pädagogen« Sokrates gegenüber, in dessen Ironie bereits die Preisgabe der der archaischen Stufe eigenen dämonischen Paradoxien an den Verstand liegt. [Vgl. S. 297] Eigentümlich und bedeutsam wurde nun aber, daß am Ende des *Symposions* im Grunde nicht die ratio des Sokrates siegt; obwohl vielmehr der Streit zugunsten der ratio entschieden wurde, richtet er sich dennoch gegen sie. In Wahrheit, sagt Benjamin, ist es der Dialog, der siegt. Der letzte Satz des Sokrates im *Symposion,* als in dem »nüchternen Licht« des Morgens nur noch der Dichter Agathon, der Komödiendichter Aristophanes und Sokrates selber wach sind, dieser letzte Satz des Sokrates, daß der echte Dichter gleichermaßen Tragik und Komik habe, ist paradox. Die Komik dürfte hier für die rationale Sphäre stehen; so gedeutet, daß die mythische und rationale Sphäre überwunden werden zugunsten der reinen dramatischen Sprache, des Dialogs, der damit jenseits der Dialektik von Tragik und sokratischer ratio sich stellt. In diesem Mysterium, wie Benjamin das neu Entstandene nennt, stehen die Worte nun als unmittelbare Vergegenwärtigungen der Idee, ist der Übergang zum Trauerspiel gegeben. Der Mythos hat sich umgekehrt, die uralt-kultischen Formen der Verhandlung sind die Worte selber, ohne daß wie früher der Held fallen muß. Nietzsche hat diesen Tatbestand auch erfaßt, indem er erkennt, daß der Dialog die Kunst rettet und nun die Sprache des bürgerlichen Trauerspiels und des bürgerlichen Romans wird. Die Tragik nennt Benjamin nur eine Vorstufe der Prophetie, und der Unterschied zwischen Tragödie und Trauerspiel wird am Phänomen des Wortes orientiert. Das Organon des Tragischen ist das Wort, das um das Leben nur getauscht wird, oder, anders ausgedrückt, Tragik ist der Tausch des Wortes um das Leben, aber nicht Schicksal. Denn das Schicksal wird gerichtet, im Barock wird das Schicksal gerichtet, im Verfolg des Schicksals, in der Treue der Intentionen werden die toten Dinge lebendig, ihre festgehaltene Schrift lesbar. Trauer ist der Weg, der im festgehaltenen Bild der Schrift die Sprache gewinnt. In der Tragödie entzündet sich die Dialektik am Schicksal, im Trauerspiel im Schicksal. Die griechische Tragödie ist nicht wie das barocke Trauerspiel wiederholbare Ostentation, wo das Schicksal so lange betrachtet wird, bis alle Faktizitäten sich gleichsam in lesbare Schriften wandeln, wo am Ende die reinen Worte des wahren Mysteriums stehen, sondern sie ist einmalige Aufnahme des Prozesses in höherer Instanz, sie ist, wie ihre nach dem Himmel offene Form des Theaters auch nahelegt, ein Vollzug im Kosmischen, wo für die Gemeinde die Szene zum Tribunal werden muß. Der Gehalt des Tragischen könnte so, wie es Nietzsche auch tat, aus der amphitheatralischen Form seines Vollzugsortes hergeholt werden. Im barocken Theater aber wird die Bühne zu einem zum Kosmos beziehungslosen Innenraum des Gefühls, und auf christlichem Boden kann es so nur Trauerspiel geben und keine Tragödien, vielleicht ist sogar die klassische Harmonie nur eine Verhüllung der Allegorie, Figur der Mignon trotz der klassischen Staffage.[22]   *Plaut*

1 Vgl. Benjamin, Gesammelte Schriften, Bd. I, hrsg. von Rolf Tiedemann und Hermann Schweppenhäuser, 3. Aufl., Frankfurt a.M. 1990, S. 902. – 2 Theodor W. Adorno/Walter Benjamin, Briefwechsel 1928-1940, hrsg. von Henri Lonitz, 2. Aufl., Frankfurt a.M. 1995, S. 27. – 3 Wohl aber kam es zu den folgenden Sätzen, die sich in einem Brief Benjamins vom 15.1.1933 an Gershom Scholem finden: »Ferner sollen mich einige reservierte Bemer-

kungen, die ich über Wiesengrund von dir hörte, nicht abhalten, dich auf seinen soeben erschienenen *Kierkegaard* hinzuweisen. Noch kenne ich das Buch erst auszugsweise, habe aber sehr Gutes darin gefunden. Im übrigen ist der Fall des Verfassers so kompliziert, daß er brieflicher Darstellung sich entzieht. Wenn ich dir mitteile, daß er schon im zweiten Semester, in Fortsetzung des vorhergehenden, Seminar über das Trauerspielbuch liest, ohne dies aber im Vorlesungsverzeichnis kenntlich zu machen, so hast du eine kleine Miniatüre, die bis auf weiteres ihre Dienste tun mag. Unabhängig davon solltest du sein Buch unbedingt zur Kenntnis nehmen.« (Walter Benjamin/Gershom Scholem, Briefwechsel 1933-1940, hrsg. von Gershom Scholem, Frankfurt a.M. 1980, S. 36) Abgesehen von der falschen Information, daß Adornos Seminar ›schon im zweiten Semester‹ dem Trauerspielbuch gelte, dürfte die Irritation, von der Benjamins Sätze zeugen, sich einfach genug erklären: Adornos Seminar war offenkundig ein Privatissimum für Doktoranden und fortgeschrittene Studenten, das als solches traditionellerweise nicht im Vorlesungsverzeichnis angeboten wurde. – 4 Wilhelm Emrich, Ladenhüter, in: Zeugnisse. Theodor W. Adorno zum sechzigsten Geburtstag, hrsg. von Max Horkheimer, Frankfurt a.M. 1963, S. 213. – 5 Während die wenigen Verweise, die von den jeweiligen Protokollanten stammen und im Text in runden Klammern stehen, sich selbstverständlich auf die Erstausgabe des *Ursprungs des deutschen Trauerspiels* (Berlin 1928) beziehen, sind die vom Herausgeber hinzugefügten, in eckige Klammern gesetzten Verweise und Nachweise solche nach der Ausgabe Walter Benjamin, Ursprung des deutschen Trauerspiels, in: Gesammelte Schriften, a.a.O. [Anm. 1], S. 203 ff. – 6 Georg Lukács, Die Theorie des Romans, Berlin 1920, S. 52; vgl. auch Theodor W. Adorno, Die Idee der Naturgeschichte, in: Gesammelte Schriften, hrsg. von Rolf Tiedemann unter Mitw. von Gretel Adorno, Susan Buck-Morss und Klaus Schultz, Bd. 1: Philosophische Frühschriften, 2. Aufl., Frankfurt a.M. 1990, S. 355 ff. – 7 Zur Theorie der dialektischen Bilder bei Benjamin und Adorno vgl. Rolf Tiedemann, Begriff, Bild, Name. Über Adornos Utopie der Erkenntnis, in: Frankfurter Adorno Blätter II, München 1993, S. 101 ff. – 8 Vgl. die verwandte Formulierung Adornos in *Die Idee der Naturgeschichte*, a.a.O., S. 354 f. – 9 Möglicherweise hat Adorno eine Stelle aus der *Nachricht von den neuesten Schicksalen des Hundes Berganza* im Sinn, die, wie auch die *Kreisleriana*, zu den *Phantasiestücken in Callots Manier* gehört; vgl. E.T.A. Hoffmann, Werke in fünfzehn Teilen, hrsg. von Georg Ellinger, Bd. 1, Berlin u.a. o.J., S. 129 f. – 10 Vgl. Theodor W. Adorno, Gesammelte Schriften, a.a.O., Bd. 2: Kierkegaard. Konstruktion des Ästhetischen, 2. Aufl., 1990, S. 61 ff. – 11 Lessing, Werke, hrsg. von Georg Witkowski, Leipzig, Wien o.J., Bd. 4, S. 340. – 12 Vgl. ebd., S. 341. – 13 Vgl. ebd., S. 343. – 14 Ebd. – 15 Das Typoskript aus dem Besitz von Kurt Mautz, das als Druckvorlage diente, hat hier die handschriftliche Einfügung: *(Poe, Mann der Menge)*. – 16 Vgl. Arthur Hübscher, Barock als Gestaltung antithetischen Lebensgefühls. Grundlegung einer Phaseologie der Geistesgeschichte, in: Euphorion 24 (1922), S. 517 ff. und S. 759 ff. – 17 Vgl. Wilhelm Dilthey, Gesammelte Schriften, Bd. IV: Die Jugendgeschichte Hegels und andere Abhandlungen zur Geschichte des deutschen Idealismus, 2. Aufl., Stuttgart, Göttingen 1959. – 18 Konjektur des Herausgebers. In der Vorlage steht: *als Geschichte bekannt*; über *Geschichte* nachträglich eingefügt: *(lich?)*. – 19 Konjiziert für *Fragestellung*. – 20 Die Vorlage hat eine handschriftliche Einfügung: *dagegen Benjamin S. 29 [223]*. – Gemeint sind folgende Sätze: »Denn die Ideen bilden eine unreduzierbare Vielheit. Als gezählte – eigentlich aber benannte – Vielheit sind die Ideen der Betrachtung gegeben.« – 21 Das *sie* ist, ebenso wie das vorangehende Komma, eine Konjektur des Herausgebers. – 22 Vgl. hierzu die Deutung der Goetheschen Mignon in Adornos Ästhetik-Vorlesung von 1931/32 (Frankfurter Adorno Blätter I, München 1992, S. 85 ff.).

Thomas Schröder

Eschatologie und Parataxis
Adornos naturgeschichtliches Motiv[1]

> Wir nehmen der Natur durch die Kunst, was sie uns selbst durch unser Leben nimmt: die Unendlichkeit. *Leo Popper*

Adornos *Ästhetische Theorie* faßt ihren Gegenstand, die Kunst, an der Grenze von Darstellbarkeit, deren prozessuale Entfaltung zur Säkularisation wird: »Durch [die der Kunst] unvermeidliche Lossage von der Theologie, vom ungeschmälerten Anspruch auf die Wahrheit der Erlösung, eine Säkularisierung, ohne welche [sie] nie sich entfaltet hätte, verdammt sie sich dazu, dem Seienden und Bestehenden einen Zuspruch zu spenden, der, bar der Hoffnung auf ein Anderes, den Bann dessen verstärkt, wovon die Autonomie der Kunst sich befreien möchte.« (GS 7, S. 10)[2] Die Weltlichkeit der Kunst ist ihr Problemgehalt. Die materialistische Kritik an nur scheinbarer Autonomie ist mit der notwendigen Transformierung poetischer Arbeit, die das schlicht Faktische zu einem Freien, Selbständigen entfaltet, insgeheim verbunden. Poetik säkularisiert sich – so Benjamins Definition – als ein »Vergegenwärtigen der Zeit im Raume«[3]. Der Zeichencharakter der Kunst verweist auf ein Erlösungsversprechen, das ›Eschaton‹, das nur endlich und am Endlichen – als ›Parataxis‹ aufgeht. Im Sinne dieser These führt Adorno einen von Hegel entwickelten Säkularisationsanspruch mit der in Hölderlins Texten erreichten Qualität des Ausdrucks zusammen. Er entwickelt in negativer Dialektik, auf der Höhe der »Hegelsche[n] Theodizee des Diesseits« (GS 6, S. 300), daß trotz des »individuellen Untergang[s] des Individuums« »Weltgeist übergehen [kann] an das, was er unter sich begräbt.« (S. 302) Das Bleibende ist nicht das Wahre, es sei denn: »die Ordnung, welche die Welt zum verfügbaren Eigentum ummodelt, wird für die Welt selber ausgegeben. Die Invarianz des Begriffes, die nicht wäre ohne das Absehen von der zeitlichen Bestimmtheit des unter jenem Befaßten, wird verwechselt mit der Unveränderlichkeit des Seins an sich.« (GS 5, S. 25)

Nicht untergehendes subjektives Bewußtsein aber bleibt unglückliches Bewußtsein, verweist problematisch auf anderes. Hegel bestimmt es als sich selbst bewußte Einzelheit, »die Bewegung einer unendlichen *Sehnsucht,* welche die Gewißheit hat, daß ihr Wesen ein [...] reines Gemüt ist, reines *Denken* [...] [und] daß [die Sehnsucht] von diesem Gegenstande, ebendarum, weil er sich als Einzelheit denkt, erkannt und anerkannt wird.« Und doch bleibt »dieses Wesen ein unerreichbare[s] Jenseits, welches im Ergreifen entflieht, oder vielmehr schon entflohen ist.«[4] Daran knüpft die *Ästhetische Theorie,* orientiert an Marx, mit einem Bewußtsein der Krise an, dem die philosophische Aufhebung, das in Säkularisation erreichte Jenseitige der Theologie selber problematisch geworden ist. Sie konstatiert, daß angesichts der gesellschaftlichen Produktionsbedingungen der Kunst, ihrer Konfrontation mit der »überwältigende[n] Objektivität des Warencharakters« (GS 7, S. 39), sie diesem verfällt oder gezwungen ist, in die Abstraktheit ihres Formanspruches sich zurückzuziehen, leer zu enden. Nur ein kleiner mimetischer Rest widersteht dem Wechselverhältnis der reflexiven Auflösung ihrer Substantialität: »Jede Idiosynkrasie lebt, vermöge ihres mimetisch-vorindividuellen Moments, von ihr selbst unbewußten kollektiven Kräften. Daß diese nicht zur Regression treiben, darüber wacht die kritische Reflexion des wie immer auch isolierten Subjekts.« (S. 69) Dieses erreicht keine transzendentale Subjektivität, weist weniger über sich als über das Unglück seiner gesellschaftlichen Verhältnisse hinaus. Moderne Kunst bleibt in ihrem autonomen Fürsich punktuell. Ein Faktum, dem Adornos Idee der Naturgeschichte materialistisch gerecht wird, da die negative »ästhetische Mimesis an Funktionalität durch keinen Rekurs aufs subjektiv Unmittelbare widerruflich« ist. (S. 97) Orientiert am Problem der Darstellung aber kann das vom subjektiven Repräsentationsanspruch freie dialektische Bild als stillgestelltes hic et nunc geschichtsphilosophisch angesetzt werden.[5]

Benjamin entwickelt sein Konzept ausgehend von dem frühen Text *Zwei Gedichte von Friedrich Hölderlin*[6]. Die Ode »Dichtermuth« repräsentiert für ihn die zentrale Aporie des Ästhetischen: Das subjektive Moment des Kunstwerks löst als einzelnes seinen Scheincharakter ins Jenseits, in nichts auf. In der Ausarbeitung des Gedichtes zu »Blödigkeit« wird dagegen eine Qualität von Darstellung erreicht, die ihren schönen Schein ablegt, ist die konkrete Negation empirischer Faktizität nachweisbar. Dieser Formanspruch bildet die Instanz, die im Gedichteten den Ausdruck von Schönheit gegen die nicht zu leistende semantische Erfüllung des ›Dichterberufes‹ durchsetzt. Das ›Gedichtete‹ definiert Benjamin so grundsätzlich anders als Heidegger: Maßstab von Erfüllung ist seine am poetischen

Gesetz orientierte Ausarbeitung, während Heidegger jede poetologische Konstruktion ausschließt, ›Gedichtetes‹ einem ›höheren Seinszusammenhang‹ entsprechen soll. Benjamins *Trauerspielbuch,* an dem sich Adornos gegen Heidegger gerichteter Vortrag *Die Idee der Naturgeschichte* von 1932 orientiert, dagegen skizziert das Konzept, das Adorno schließlich als ›Ausdruck‹ faßt, als eines endlicher, säkularisierter Schönheit. Nur diese harrt der gesellschaftlichen Einlösung.

Für den anderen in Adornos Vortrag parallel zu Benjamin ausgewiesenen Ansatzpunkt dieses Denkens, Lukács' in der *Theorie des Romans* entwickeltes Modell ›zweiter Natur‹, dagegen ergibt sich aus dieser Aufgabenstellung eine eher kritische Perspektive. Im Schema der histoire naturelle des 18. Jahrhunderts, die sich als Klassifikation einer wesentlich konstanten Natur verstand, scheint die geschichtliche Dynamik in starre Naturverhältnisse verwandelt. Gerade diese ›Entfremdung‹ aber ist keine wirkliche. Metakritisch bleibt gegen Lukács wie gegen Husserls Phänomenologie, in der der frühe Adorno das Zentrum des philosophischen Extremismus der zwanziger Jahre erkennt, festzuhalten: »Der Phänomenologe vermag zwar die Gegenstände anders denn als subjektiv konstituierte gar nicht zu denken, aber diese wiederum sind ihm so gründlich entfremdet und erstarrt, daß er sie als ›zweite Natur‹ anschaut und beschreibt, während sie, einmal erweckt, in bloß subjektiven Bestimmungen sogleich sich auflösten.« (GS 5, S. 198) In dieser subjektiven Befindlichkeit wird das Krisenbewußtsein von Karl Barth über Carl Schmitt bis zu Heidegger ein falsches. Wie Benjamin mit dem *Trauerspielbuch* aber hat auch der Autor von *Geschichte und Klassenbewußtsein* sich zunächst vor diesem Verhängnis bewahrt. Neben die dort zu rekonstruierende Möglichkeit einer Aufgabe des Scheincharakters tritt hier die Dialektik der Verdinglichung. Diese geht ins Bewußtsein ästhetischer Theorie ein: »Die Frage nach der Wahrheit eines Gemachten ist aber keine andere als die nach dem Schein und nach seiner Errettung als des Scheins von Wahrem.« (GS 7, S. 198)[7] ›Vorschein‹ – anders als bei Bloch – ent- und widerspricht der Aussichtslosigkeit der gesellschaftlichen Krise: »Im Schein verspricht sich das Scheinlose« (GS 6, S. 397), dessen Reflexion mit schönem Schein unvereinbar ist.[8] Denn der, »seiner selbst bewußt«, »ist nicht mehr der alte. Was von endlichen Wesen über Transzendenz gesagt wird, ist deren Schein« (S. 386) und Säkularisation seine Rettung. In ihrem Sinn erinnert Adornos Konzept der Naturgeschichte gerade an Hölderlin ein Modell dialektischen Denkens, das auf einer Höhe mit Hegel sich entwickelte. Als Theorie, die am Natur-Moment anschließt und dessen scheinbare ontologische Gegebenheit »als vergängliche Natur, als Geschichte« darstellt (GS 1, S. 358), vermag dieses das Wissen der Moderne, daß: »während Natur in Geschichte gleichsam zu sich selbst kommt, [...] sich Geschichte der Natur bloß scheinhaft« angleicht[9], zu konterkarieren. Auch Marx faßte den »Naturbegriff [als] identisch mit der Gesamtwirklichkeit«, bei ihm »geht [es um] endliche Ziele endlicher, raumzeitlich bedingter Menschen gegenüber begrenzten Bereichen der natürlichen und gesellschaftlichen Welt.«[10] Adornos *Ästhetische Theorie* hält kritisch gegen Lukács, der das unvermittelbare Ansichsein *und* das endliche Moment der Natur ontologisch ignoriert wie Heidegger, fest: »Der Wahrheitsgehalt kann kein Gemachtes sein. Alles Machen der Kunst ist eine einzige Anstrengung zu sagen, was nicht das Gemachte selbst wäre und was sie nicht weiß: eben das ist ihr Geist. Hier hat die Idee von Kunst als der Wiederherstellung unterdrückter und in die geschichtliche Dynamik verflochtener Natur ihren Ort. Die Natur, deren imago Kunst nachhängt, ist noch gar nicht; wahr an der Kunst ein Nichtseiendes. Es geht ihr auf an jenem Anderen, für das die identitätssetzende Vernunft, die es zu Material reduzierte, das Wort Natur hat. Dies Andere ist nicht Einheit und Begriff sondern ein Vieles.« (GS 7, S. 198) Wie Hölderlins »Unterschiedenes ist gut« (FA S-III, S. 92)[11] ist dieses Konzept von einer neuen, letztendlich gegen Hegel intendierten, geschichtsphilosophischen Radikalität. In ihr konzipiert Adorno seine Antrittsvorlesung *Die Aktualität der Philosophie:* »Die Angemessenheit von Denken an Sein als Totalität [...] hat sich zersetzt, und [...] die Idee des Seienden [...], die einzig über einer runden und geschlossenen Wirklichkeit als Stern in klarer Transparenz stehen könnte«, ist selber unfragbar geworden, »seitdem die Bilder unseres Lebens allein noch durch Geschichte verbürgt sind.« (GS 1, S. 325) Der Geschichte als dem einzig Gegebenen – der radikale Sinn, in dem der Flug von Hegels Eule der Minerva als einer in der Dämmerung recht behält – widersteht einzig eine Natur, die in ihr nicht aufgehen kann. *Die Idee der Naturgeschichte* richtet sich deshalb gegen »die übliche Antithesis von Natur und Geschichte« (S. 345), der »Gegensatz von möglichem Sein und wirklichem Sein [wird] auf das Seiende [...] in seiner konkreten innergeschichtlichen Bestimmtheit« bezogen (S. 354). Um in dieser Natur als wirksam auszuweisen, soll zunächst versucht werden, am Gegenmodell künstlerischer Parataxis, an Kafkas Schreiben vor dem Gesetz, der Hypotaxe schlechthin, ein Umschlagen in Naturgeschichte festzuhalten, um deren Gehalt schließlich an Hölderlins ›Parataxis‹ einzulösen.

Der Adorno mit Kafka unterstellten negativen, dualistischen Theologie, die synkretistisch am Motiv des jüdischen Bildverbots orientiert wird[12], stehen zwar Becketts ›Endspiele‹ entgegen, die wie Hölderlins isolierter ›Dichterberuf‹ einen klag- und trostlos im Diesseits ausharrenden Ausdruck ertrotzen, an ihr aber orientiert sich – nicht unproblematisch – ein kritischer Aspekt gegen die Bilder der Kunst selbst. Mit Kafka wird Kunst zum Vorwurf gemacht, daß sich an ihr, die nicht schweigt, das Unglück der Welt mimetisch wiederholt. Die Konstruktion des Künstlers ist nur ein Schein, der die Unmöglichkeit darstellerischer ›Wahrheit‹ unterstreicht: »Der Schein an den Kunstwerken ist verschwistert dem Fortschritt der Integration, den sie von sich verlangen mußten und durch den ihr Gehalt unmittelbar gegenwärtig dünkt. Das theologische Erbe der Kunst ist die Säkularisation von Offenbarung, dem Ideal und der Schranke eines jeglichen Werkes. Kunst mit Offenbarung zu kontaminieren hieße, ihren unausweichlichen Fetischcharakter in der Theorie unreflektiert wiederholen. Die Spur von Offenbarung in ihr ausrotten, erniedrigte sie zur differenzlosen Wiederholung dessen, was ist.« (GS 7, S. 162) Die gelingende fetischistische Wiederholung des Immergleichen, Rätselfigur des Bedrohlichen, aber kann auch für die notwendige, die den Fetischismus darstellende Dimension des Ausdrucks stehen: »Der Gestus des Auf der Stelle Tretens am Ende des Godotstücks, Grundfigur seines gesamten œuvres, reagiert präzis auf die Situation. Er antwortet mit kategorischer Gewalt. Sein Werk ist Extrapolation des negativen καιρός. Die Fülle des Augenblicks verkehrt sich in endlose Wiederholung, konvergierend mit dem Nichts.« (S. 53) Die künstlerische Andeutung von Unmittelbarkeit muß sich nicht gegen einen höheren Gehalt von Offenbarung zurücknehmen, sondern tritt vollkommen säkularisiert an ihre Stelle. Ausdruck, definiert als räumliche Figuration, die in der gegenständlichen Vorstellung nicht aufgeht, das Geschichtlichwerden von Natur, ist, da in der Waren-Signatur des Spätkapitalismus nicht verwertbar, ein übrig bleibender Rest. Hier liegt der Zusammenhang des Modells der Naturgeschichte, das in der *Negativen Dialektik* entwickelt wird und dem frühen Vortrag *Die Idee der Naturgeschichte*. Der »gesellschaftliche Naturbegriff hat seine eigene Dialektik. Die Naturgesetzlichkeit der Gesellschaft ist Ideologie, soweit sie als unveränderliche Naturgegebenheit hypostasiert wird. Real aber ist die Naturgesetzlichkeit als Bewegungsgesetz der bewußtlosen Gesellschaft [...].« (GS 6, S. 349) Das für Adornos frühe Benjamin-Rezeption und auch in *Parataxis* wichtige

Konzept der Naturgeschichte als geschichtsphilosophisches wird in seiner gesellschaftlichen Relevanz aufgehoben, bewahrt: »Die Transmutation von Metaphysik in Geschichte [...] säkularisiert Metaphysik in der säkularen Kategorie schlechthin, der des Verfalls. [...] Kein Eingedenken an Transzendenz ist mehr möglich als kraft der Vergängnis [...]. Wo die Hegelsche Metaphysik das Leben des Absoluten mit der Totalität der Vergängnis alles Endlichen verklärend gleichsetzt, blickt sie zugleich um ein Geringes hinaus über den mythischen Bann, den sie auffängt und verstärkt.« (S. 353) Die ›Selbstauflösung des Ersten‹ reflektiert den Tod Gottes als die Eschatologie des Endlichen: »Die Negativität des Ersten verneint, indem sie dessen Negation bewirkt, zugleich sich selber: sie negiert sich zu einem Sein, das aus dem Unterschied herkommt und ›konkretes Dasein‹ wird.« »Welt entsteht aus der Selbstverneinung des Negativen«, geht aber – gegen Hegel – nicht mehr in ihr auf.[13] Kafkas Ausdruck der Klage dagegen bezeichnet das Fatum erstarrter Unruhe, »den mythischen Bann«, unter dem eine Welt leidet, die gleichsam gottverlassen immer noch unter seiner Autorität als der des ganz Anderen steht: »In [außerkünstlerischen Dingen und Situationen] bereits haben historische Prozesse und Funktionen sich sedimentiert und sprechen daraus. Kafka ist darin für den Gestus der Kunst exemplarisch, [...] daß er solchen Ausdruck in das Geschehende zurückverwandelt, das darin sich chiffriert. Nur wird er doppelt rätselhaft, weil das Sedimentierte, der ausgedrückte Sinn, abermals sinnlos ist, Naturgeschichte, über die nichts hinausgeleitet, als daß es, ohnmächtig genug, sich auszudrücken vermag.« (GS 7, S. 170 f.) Ausdruck, der sich derart dem Verfall von Bedeutung verdankt, aber untersteht keiner Kontingenz, sondern stellt ein »geschichtliches Verhältnis« dar. (Vgl. GS 1, S. 358) Die Starre zweiter Natur wird geschichtsphilosophisch deutbar. Adornos Kafka-Lektüre steht unter dem Motto: »Jeder Satz steht buchstäblich, und jeder bedeutet.« (GS 10 · 1, S. 255) Diese Autorität inhäriert einem von Max Brod ›Prometheus‹ überschriebenem Text-Fragment:

»Die Sage versucht das Unerklärliche zu erklären; da sie aus einem Wahrheitsgrund kommt, muß sie wieder im Unerklärlichen enden.
   Von Prometheus berichten vier Sagen. Nach der ersten wurde er weil er die Götter an die Menschen verraten hatte am Kaukasus festgeschmiedet und die Götter schickten Adler, die von seiner immer nachwachsenden Leber fraßen.

Nach der zweiten drückte sich Prometheus im Schmerz von den zuhackenden Schnäbeln immer tiefer in den Felsen bis er mit ihm eins wurde.

Nach der dritten wurde in den Jahrtausenden sein Verrat vergessen, die Götter vergaßen, die Adler, er selbst.

Nach der vierten wurde man des grundlos Gewordenen müde. Die Götter wurden müde, die Adler. Die Wunde schloß sich müde.

Blieb das unerklärliche Felsgebirge.«[14]

Unterliegt Prometheus, der klassische Repräsentant aufklärerischer Beherrschung der Natur, schließlich ihr selbst, wird er – negativ – eins mit ihr, in die Schranken des Natürlichen zurückgeholt, scheint seine geschichtsphilosophische Emanzipation unwiderruflich vergessen zu sein. Das schmerzhafte Sich-zurückversetzt-Sehen des Subjekts in Natur, sein Zu-Stein-Erstarren, aber markiert die Erinnerbarkeit des Mythos. Die unhintergehbare Evidenz des Naturgeschehens führt zurück ins Unerklärliche, verlangt nach Deutung. Ein Rekurs auf Prometheus und die Natur wird möglich, der das Zueinander von menschlicher Geschichte und ihrer Kreatürlichkeit neu faßt. Der Welt kann ihre eigene Dynamik nicht abgesprochen werden. Kafka dagegen trennt im Kontext des Fragments – wie die negativ-dialektische Theologie – streng zwischen Gott und Welt, Erlösung und Fall, Diesseits und Jenseits: »Dem Diesseits kann nicht ein Jenseits folgen, denn das Jenseits ist ewig, kann also mit dem Diesseits nicht in zeitlicher Beziehung stehn.« Und: »Ein erstes Zeichen beginnender Erkenntnis ist der Wunsch zu sterben. Dieses Leben scheint unerträglich, ein anderes unerreichbar.«[15] Das ›scheint‹ der ›unendlich qualitative Unterschied‹ zu sein, von dem Barth mit Kierkegaard spricht. Dennoch mißglückt die »Beschlagnahmung für die dialektische Theologie« (vgl. GS 10 · 1, S. 271). Der gesellschaftlichen Welt der Menschen und Dinge eignet selbst die Unverständlichkeit, die Theologen ins ganz Andere projezieren. Das zeigen Sätze, die am Rand des verzweifelten ›Appells‹ notieren: »Im Kampf zwischen Dir und der Welt, sekundiere der Welt.« Und: »Man darf niemanden betrügen, auch nicht die Welt um ihren Sieg.«[16] Adorno kommentiert: »Nicht Demut hat Kafka gepredigt, sondern die erprobteste Verhaltensweise wider den Mythos empfohlen, die List. Ihm ist die einzige, schwächste, geringste Möglichkeit dessen, daß die Welt doch nicht recht behalte, die, ihr recht zu geben.« (GS 10 · 1, S. 284) Das Scheitern der subjektiven, um wieviel mehr das der gesellschaftlichen Teleologien, setzt die wahren Energien des Irdischen erst frei. Unmittelbares, das nicht mehr schlecht vermittelt, seines Ansichs entledigt wird, entfaltet sich zu einer Geschichte, die nicht mehr Vorgeschichte des Gegeneinanders von Natur und Geschichte ist, sondern als deren parataktisches Nebeneinander Naturgeschichte. Die Akzeptanz eines Unverfügbaren, der Indifferenz von Natur führt zu ihrer Humanisierung und zur Naturalisierung des Menschen: »die materialistische Dialektik ist nicht-teleologisch«[17], nicht Ontologie oder Erste Philosophie. In der Vorlesung *Probleme der Moralphilosophie* heißt es: »Der Primat des Ursprungs [wird] durch einen solchen Ansatz [...] nicht mehr respektiert [...]. Nun ist aber dieses Entragende, dieses kleine bißchen an unserer Natur, was nicht Natur ist – im Gegensatz zu der Verblendung, die die Kategorie der Naturbefangenheit schlechthin ist –, eigentlich eins mit der Selbstbesinnung. Wir sind eigentlich in dem Augenblick nicht mehr selber ein Stück der Natur, in dem wir merken, in dem wir erkennen, daß wir ein Stück Natur sind.«[18] Ästhetische Theorie erinnert diese »Kehrseite« Kafkas daran, daß »das einzige Versprechen von Unsterblichkeit« in seinen Texten dafür steht, daß »die beschädigte Schöpfung nicht mehr sterben kann« (GS 10 · 1, S. 286). »Die mimetischen Impulse, die das Kunstwerk bewegen, in ihm sich integrieren und es wieder desintegrieren, sind hinfällig sprachloser Ausdruck. Sprache werden sie durch ihre Objektivation als Kunst. Rettung von Natur, begehrt sie auf gegen deren Vergänglichkeit.« (GS 7, S. 274) Deshalb ist uns das Negative zu tun auferlegt, das naturgeschichtliche Gesetz, die Formbestimmung des Kunstwerks, das Vermittlung in Ausdruck übersetzt. In ihm gehen subjektive Intention und objektive Offenbarung vollständig auf, ohne dem tragischen Ritus der ewig sich wiederholenden Reproduktion des Scheincharakters zu unterliegen, wie ihn der postmoderne Kult in der ästhetisierten Warenwelt als Komödie reproduziert. Rehabilitiert wird nicht Erhabenes, sondern Naturschönes, das nicht als mythologische Chiffre ›höherer‹ Erlösung verstanden werden kann: »Die Grenze gegen den Fetischismus der Natur jedoch, die pantheistische Ausflucht, die nichts als affirmatives Deckbild von endlosem Verhängnis wäre, wird dadurch gezogen, daß Natur, wie sie in ihrem Schönen zart, sterblich sich regt, noch gar nicht ist.« (S. 115) Nur als ›noch nicht‹ Wirkliches rebelliert Naturschönes gegen seine Vergänglichkeit. »Was anders wäre, hat noch nicht begonnen.« (GS 6, S. 148) Der Gegenstand der Negation aber ist kein unbestimmter. Das Ausbleiben des Anderen »affiziert alle Einzelbestimmungen. Eine jegliche, die als widerspruchslos auftritt, erweist sich so widerspruchsvoll wie die ontologischen Modelle Sein und Existenz. Kein Positives ist von Philosophie zu erlangen, das mit ihrer Konstruktion identisch wäre. Im Prozeß von Entmythologisierung muß Positivität negiert werden bis in die instrumentelle Vernunft hinein, welche Entmythologisierung besorgt.« (Ebd.)

Parataxis entwickelt gegen Heidegger, daß Hölderlin Sein nicht als eine die Geschichte übertreffende Möglichkeit zelebriert. Nichts kann uns weniger retten als ein Gott. Spricht Hölderlin emphatisch von einem durch Poiesis gestifteten Bleibenden, so ist Sprache »bestimmte Negation des Seienden.« (GS 11, S. 454) Die »Invokation bei Hölderlin ist von Hybris rein; das ›Was bleibet‹ aus dem ›Andenken‹ deutet, der puren grammatischen Form nach, auf Seiendes und das Gedächtnis daran, wie das der Propheten; keineswegs auf ein Sein, das nicht sowohl in der Zeit bliebe, als Zeitlichem transzendent wäre.« (S. 459) Diese Formbestimmung der Invokation rekurriert auf Benjamins Analogisierung Hölderlins mit der prophetischen Rede des Orients und steht gegen ihre Zugehörigkeit zur Hybris der griechischen Darstellung des göttlichen Seins oder zur christlichen Transzendenz: »Versöhnt werden nicht Christentum und Antike; das Christentum ist geschichtlich verurteilt wie diese, als bloß Inwendiges und Ohnmächtiges« (S. 488); hybrid entäußert kulminieren beide zur »mythischen Opferreligion«. (S. 486) In der Reflexion darauf, daß die kathartischen und christologischen Erlösungsversprechen in ihrem Kern Ideologien der Auf-Opferung sind, liegt das Schibboleth, auf das hin naturgeschichtliches Denken den Anspruch der Hegelschen Säkularisation von tragischer Kunstreligion und ›spekulativem Karfreitag‹ befragt. Daß Hegel diese Säkularisation geleistet hat, aber ist unfraglich. Gegen Heidegger, wie gegen Löwith und Blumenberg, die sich kritisch gegen den weltlichen Erlösungsanspruch jüdisch-politischer Theologie stellen, an eine ursprüngliche Offenbarkeit des Seins vor allem Geschichtlichwerden des Denkens glauben, ist mit Hegel festzuhalten: »Das Gefühl: Gott selbst ist tot, [ist] als Moment der höchsten Idee [zu] bezeichnen, und so dem, was […] moralische Vorschrift einer Aufopferung […] oder der Begriff formeller Abstraktion war, eine philosophische Existenz [zu] geben, und also der Philosophie die Idee der absoluten Freiheit, und damit das absolute Leiden oder den spekulativen Karfreitag, der sonst historisch war, und ihn selbst, in der ganzen Wahrheit und Härte seiner Gottlosigkeit wiederher-[zu]stellen, aus welcher Härte allein, weil das Heitre, Ungründlichere und Einzelnere der dogmatischen Philosophien, so wie der Naturreligionen verschwinden muß, die höchste Totalität in ihrem ganzen Ernst und aus ihrem tiefsten Grunde, zugleich allumfassend, und in die heiterste Freiheit ihrer Gestalt auferstehen kann und muß.«[19]

Diesem Ausgangspunkt von Philosophie entspricht Hölderlin kritisch, indem er die scheinbare, die historische Originalität der Griechen in ihrer Abhängigkeit von einem orientalischen, einem spekulativen Fremden rekonstruiert. Bezeichnend an Heideggers Fehldeutung aber ist, daß er exakt dieses Abhängigkeitsverhältnis ignoriert. Über die forschungspolitisch notwendige Polemik von Adornos *Parataxis* gegen den literaturwissenschaftlichen Heidegger-Kult vor allem der ›Hölderlin-Gesellschaft‹ hinaus geht es dem Aufsatz um das problematische Heideggersche Denken einer Fremde und eines Ursprungs[20]: »Kaum anderswo dürfte Hölderlin seinen nachgeborenen Protektor schroffer Lügen strafen als im Verhältnis zum Fremden.« (GS 11, S. 456) Denn: »Als hätte Hölderlins Dichtung vorausgesehen, wofür sie einmal die deutsche Ideologie einspannt, richtet die späteste Fassung von ›Brot und Wein‹ eine Tafel auf wider den irrationalistischen Dogmatismus und den Ursprungskult in einem: ›Glaube, wer es geprüft! nämlich zu Haus ist der Geist / Nicht im Anfang, nicht an der Quell‹.« (Ebd.) Der Ort der Dichtung ist der irdische Kontext, kein Mythos der Anfänge, kein der »Unverborgenheit« der ›ontologischen Differenz‹[21] abkünftiger genius loci. Deutlich erinnert Heideggers Rede von der »Entdecktheit« wahren Seins in der Ordnung des Seienden an die in Benjamins *Trauerspielbuch* kritisierte Verfolgung des Scheins und der Enthüllung der Wahrheit als Schönheit. Schönheit aber figuriert nicht willfährig: Die »braunen Frauen« der Fremde des ›Andenkens‹ werden nicht, wie Heidegger interpretiert, zu Objekten einer Enthüllung des Schönen in Deutschland. Im »Kolonien liebt, und tapfer Vergessen der Geist« (FA 6, S. 262, Z. 156) ist nicht, wie Heidegger in Treue zu Beißners philologischem Kommentar meint, ausgedrückt, daß »die Kolonie das auf das Mutterland zurückweisende Tochterland« ist, und auch nicht, daß »der Geist«, wenn er »Land solchen Wesens liebt, [...] mittelbar und verborgen doch nur die Mutter« liebt.[22] Adornos Zurückweisung von Heideggers Text-Annäherung aber ist nicht einmal radikal genug.[23] Über den ödipalen Kontext der Existentialontologie hinaus, die aus Hölderlin erst einen ›verlorenen Sohn‹ und dann einen braven ›Auslandsdeutschen‹ macht (vgl. GS 11, S. 457), ersetzt die Kolonie-Metapher in Hölderlins Korrektur den Redebezug auf einen »kommenden«, geschichtlich erlösenden »Gott«. Dessen falsche Erwartung wird transponiert in seine topologische Signifikation: »Dorther« – wo Dichtung inspiriert wird – »kommt und da lachet verpflanzet, Gott« (FA S-III, S. 33, Z. 1-3). Eine Säkularisierung, die noch gegen die Feuerbachsche Projektions-Theologie sich behauptet, die aber die Forschung wider besseres Wissen schlicht unterschlägt.[24] Gegen die Deutungskonzepte, die an einen höheren Sinn sich klammern, aber nimmt in Hölderlins Text das Vergessen des Geistes den Platz eines konstitutiven Moments ein. Wo emphatisch gesprochen wird, ist eine Naturalisierung des Geistes (des Gottes) darstellbar, die beide Dimensionen nicht verschaltet, aber in der Qualität des Ausdrucks zusammentreten läßt. Der Antagonismus sprachlicher Mittelbarkeit und Verborgenheit, der von Hermeneutik und Hermetik, erfährt an der Fremde (der Darstellbarkeit an/in etwas Anderem) seine Zäsur. »Materialität als das Fremde [wird] nicht unter dem Gesichtspunkt transzendenter Hervorbringungen betrachtet [...], sondern *in* ihrer widerständigen, extremen Gegenständlichkeit.«[25] In »Mnemosyne« erfaßt diese die künstlerische wie die natürliche Formiertheit des Menschen:

> Ein Zeichen sind wir, deutungslos
> Schmerzlos sind wir und haben fast
> Die Sprache in der Fremde verloren.
> (FA S-III, S. 117)

Kunst, deren Zeichen nicht mehr zu deuten sind, entspricht einer Natur, deren Leiden nicht mehr verspürt werden. Undeutbarkeit und Schmerzlosigkeit sind beides: höchste Erfüllung und tiefster Sturz in die Gleichgültigkeit. In der Bestimmung dieses ›ist‹-Zustandes poetischer Rede als Zeichenstruktur der Entfremdung aber kann deren Bedrohliches als ein ›fast verlieren der Sprache‹ limitiert werden. Die späte Lyrik entsteht, so ist an das Aushalten des ›spekulativen Karfreitags‹ in Hölderlins Komposition des Empedokles-Stoffes zu erinnern, aus der tragischen Zäsur, ohne sich mit dieser zu identifizieren. Die Vision des anderen Lebens geht nicht im Mythos eines himmlischen Erlösers auf: »Auch der Mensch, der« – wie Empedokles – »seines Landes Untergang so tödtlich fühlte, konnte so sein neues Leben ahnen.« (FA 13, S. 948) Nirgendwo ist dies schöner ausformuliert als in »Brod und Wein«, wo das Bedrohliche bürgerlicher Ruhe und Sattheit den Utopiemomenten des poetischen Ausdrucks und dem ihr anderen Zeichen der Nacht konfrontiert ist:

> Rings um ruhet die Stadt; still wird die erleuchtete Gasse,
> 	Und, mit Fakeln geschmükt, rauschen die Wagen hinweg.
> Satt gehn heim von den Freuden des Tags zu ruhen die Menschen,
> 	Und Gewinn und Verlust wäget ein sinniges Haupt
> Wohlzufrieden zu Haus; [...]
> [...]
> Aber das Saitenspiel tönt fern aus Gärten; vieleicht, daß
> 	Dort ein Liebendes spielt oder ein einsamer Mann
> Ferner Freunde gedenkt und der Jugendzeit; [...]
> [...]
> Und der Stunden gedenk rufet ein Wächter die Zahl.
> Jezt auch kommet ein Wehn und regt die Gipfel des Hains auf,
> 	Sieh! und das Ebenbild unserer Erde, der Mond
> Kommet geheim nun auch; die Schwärmerische, die Nacht kommt,
> 	Voll mit Sternen und wohl wenig bekümmert um uns,
> Glänzt die Erstaunende dort, die Fremdlingin unter den Menschen
> 						(FA S-III, S. 31)

Die Erinnerung des vergangenen Schönen durch »ein Liebendes«, ›einen einsamen Mann‹ ist ihrem historischen Topos fremd geworden. Wie die »Nacht« bleibt sie gegen das, dem die Stunde geschlagen hat, indifferent – »wenig bekümmert um uns«. Das Fremde bezeichnet die Grenzen des Eigenen und entgrenzt dessen Aussichtslosigkeit, ohne an dieser selbst teilzuhaben. Das im Titel »Brod und Wein« zitierte Abendmahl ermöglichte schon die Universalisierung des Christentums, das überall seinen Ort hatte, wo Erinnerung gesellschaftlich wurde, zwei oder drei in ihrem – der Erinnerung – Namen sich versammelten. In der Säkularisation dieser Szene aber hält Sprache nur mehr momenthaft an ihrem vergänglichen Gegenstand fest und ist so als Form der Hybris des Erinnerten, der irdischen Entäußerung des Gottes inhaltlich korreliert. Sie verweist auf nichts mehr, denn auf Endlichkeit: seinen Tod. Daran hat Dichtung, wieviel mehr Interpretation, ihre Grenze. Sprache kann zur geoffenbarten Natur nicht werden, wohl aber im Zerbrechen auch dieses Ideals – wie im Verhältnis zur Theologie – Epoche machen. Versprochen ist im Gedicht: »Menschen aber, gesellt, theilen das blühende Gut.« (Z. 34) Den Worten ist das Kriterium einer Einlösung der gesellschaftlichen Vision, die Offenheit gegenüber anderem, ein Integral. Schon um 1800, im Fragment »Dem Allbekannten« hat sich der Dichter entschieden:

> Frei wie die Schwalben, ist der Gesang, sie fliegen und wandern
> Fröhlich von Land zu Land, und ferne suchet der Sommer
> Sich das heilge Geschlecht, [...]
> Und nun sing ich den Fremdling, ihn,
>
> Diß neide mir keiner [...].
>
> (FA 3, S. 260 f.)

Die emphatische Heraushebung des ›Fremdlings‹ ist neu. Das ›freie Wandern von Land zu Land‹ nur in einer gesellschaftlichen Offenheit möglich, die Eigenes und Fremdes verschränkt. Frühere Texte Hölderlins dagegen reagieren kritisch auf Entfremdung, die auch für ihn zunächst als naturgeschichtliches Ergebnis einer zur zweiten Natur gewordenen Kultur sich darstellte. In »Der Main« ›muß ein heimathloser Sänger von Fremden zu Fremden wandern, wie die Erde, die freie es muß‹ (vgl. FA 5, S. 575, Z. 26-29). Die Rede vom ›Fremdling‹ aber führt über die deutschen Mißverhältnisse hinaus: »Am Rheine der Deutschen / Wuchs er nicht auf« (FA 3, S. 261, Z. 8 f.). Die Anrede wandelt sich, wird Deutschland wie in »Der Rhein« überhaupt wieder Thema, in die Frage: »Wie nenn ich den Fremden?«[26] Zum Problem wird die Verständigung über den Sinn des gesellschaftlich Anderen, da, wenn seine Bedeutung über die eigenen Sprachgrenzen hinausverweist, Vermittlung notwendig scheitert: Dichterische Sprache, die schon die irdisch-universale Umsetzung des göttlichen Auftrags, die den ›zweien oder dreien‹ des säkularisierten Abendmahles gelingt, problematisierte, konfrontiert sich – unfiktiv – dem ›Schwersten‹: ihrem ›Eigenen‹. »Ohne geschichtliches Eingedenken wäre kein Schönes. Einer befreiten, zumal aller Nationalismen ledigen Menschheit vermöchte mit der Vergangenheit auch die Kulturlandschaft unschuldig zuteil zu werden.« (GS 7, S. 102) Diese Konkretion kommt Kunst zu, wo der Momentcharakter des himmlischen Erlösungsversprechens in ihr – endlich – von buchstäblicher Bedeutung ist: »So ist schnell / Vergänglich alles Himmlische; aber umsonst nicht«[27]. In den Worten Adornos: »Zeitliches [wohnt] dem Absoluten selbst inne« (GS 11, S. 462). Im Verfall göttlicher Wahrheit rettet Kritik das Moment eines Restes der himmlischen Intentionen: Elemente, die den Prozeß innerweltlicher Verwirklichung darstellen, den Benjamin der Säkularisation der Allegorese abliest: »Die trostlose Verworrenheit der Schädelstätte [...] ist nicht allein das Sinnbild von der Öde aller Menschenexistenz. Vergänglichkeit ist in ihr nicht sowohl bedeutet, allegorisch dargestellt, denn, selbst bedeutend, dargeboten als Allegorie. Als die Allegorie der Auferstehung. [...] Denn auch diese Zeit der Hölle wird im Raume säkularisiert [...].«[28] ›Die Allegorie geht leer aus‹ und findet »nicht mehr spielerisch in erdhafter Dingwelt sondern ernsthaft unterm Himmel sich wieder«[29]. Säkularisation erweist ihre Kraft gerade an dem Satz: die Hölle sei dieses Leben hier. Daß – so Adorno – »Hölderlins Wahlverwandtem Shelley die Hölle eine Stadt ist, much like London; wie nachmals für Baudelaire die Moderne von Paris ein Archetyp«, steigert seine Texte zum Ausdruck der »Korrespondenzen zwischen dem namentlich Seienden und den Ideen. Das nach der Sprache jener Jahre Endliche soll, was die Seinsmetaphysik vergebens sich erhofft: die Namen, die dem Absoluten fehlen und in denen allein das Absolute wäre, über den Begriff führen. Etwas davon schwingt auch in Hegel mit, dem das Absolute nicht der Oberbegriff seiner Momente, sondern deren Konstellation ist, Prozeß so gut wie Resultat.« (GS 11, S. 462) Hölderlin aber geht es nicht um die »Ökonomie des Ganzen«. Das Absolute ist Ausdruck, »Name [...], in welchem die konkreten Gegenstände wurzeln.«[30] Für Hölderlins »Mnemosyne«, das die räumliche Darstellbarkeit der Zeichen in ihrer Gefährdung vorführt, da der Text die Mutter der Musen, das Gedächtnis und damit die Instanz der Dichtung und Philosophie konstituierenden Erinnerung mit dem Tod konfrontiert, gilt: »Lang ist / Die Zeit, es ereignet sich aber / Das Wahre.« (FA S-III, S. 117, Z. 39-41) Die Konstellation von Prozeß und Resultat ist Ereignis, keine philosophische oder künstlerische Bestimmung. Sie berühren, zusammengefaßt in der einen Frage: »Wie aber Liebes?« (Z. 43), nurmehr Überlegungen, *wie* das Andere, Fremde, nicht zuletzt die Natur selbst in der Wahrheit sind. Schönheit, die diesen Anspruch erfüllt, ist Hölderlins Poetik im räumlichen Modell des Endlichen: »Einheit im Unterschiedenen«: Parataxis als Eschatologie, Denken der Frist – von Anfang an.

---

1 Der Text geht aus vom Kap.I.2.c meiner Dissertation *Poetik als Naturgeschichte. Hölderlins fortgesetzte Säkularisation des Schönen* (Lüneburg 1995) und wurde auf der Tagung ›Ästhetik und Naturerfahrung‹ am 12. März 1994 im Sprengel-Museum in Hannover im Entwurf vorgetragen. – 2 Adorno wird im Text nach den *Gesammelten Schriften* (Frankfurt a.M. 1970-86) mit der Sigle GS sowie der Band- und Seitenzählung zitiert; fehlt die Bandangabe, gilt die des vorausgehenden Nachweises. – 3 Walter Benjamin, Gesammelte Schriften. Unter Mitwirkung von Theodor W. Adorno und Gershom Scholem hrsg. von Rolf Tiedemann und

Hermann Schweppenhäuser, Frankfurt a.M. 1972-89, Bd. I · 1, S. 370. – 4 Georg Friedrich Wilhelm Hegel, Phänomenologie des Geistes, 2. Aufl., Frankfurt a.M., Berlin, Wien 1973, S. 131. – 5 Vgl. dagegen Hauke Brunkhorst, Theodor W. Adorno. Dialektik der Moderne, München 1990, S. 187-217, der eine »soziale Dimension ästhetischer Subjektivität« (S. 203) proklamiert, als ginge es um den Proporz öffentlich-rechtlicher ›Diskursethik‹. – 6 Benjamin, a.a.O., Bd. II · 1, S. 105-126. – 7 Vgl. Gerhard van den Bergh, Adornos philosophisches Deuten von Dichtung, Bonn 1989, S. 164. – 8 Vgl. Elisabeth von Thadden, Erzählen als Naturverhältnis. »Die Wahlverwandschaften«, München 1993, S. 17. – 9 Gunzelin Schmid Noerr, Das Eingedenken der Natur im Subjekt, Darmstadt 1990, S. 28. – 10 Alfred Schmidt, Der Begriff der Natur in der Lehre von Marx, 4. Aufl., Hamburg 1993, S. 22 u. 29. – 11 Hölderlin wird nach der von Dietrich E. Sattler herausgegebenen Frankfurter Ausgabe (Frankfurt a.M. 1975 ff.) mit der Sigle FA, der Band-, Seiten- und evtl. Zeilenzählung zitiert; die Sigle S steht für die Supplementbände, deren Zählung in römischen Ziffern wiedergegeben wird. – 12 Vgl. Micha Brumlik, Theologie und Messianismus im Denken Adornos, in: Parabel, Bd. 5: Ende der Geschichte. Abschied von der Geschichtskonzeption der Moderne?, Münster 1986, S. 36-52. – 13 Karl-Heinz Haag, Der Fortschritt in der Philosophie, Frankfurt a.M. 1985, S. 92. – 14 Franz Kafka, Nachgelassene Schriften und Fragmente II in der Fassung der Handschriften, hrsg. von Jost Schillemeit, Frankfurt a.M. 1992, S. 69 f. – 15 A.a.O., S. 62 u. 43. – 16 A.a.O., S. 58. – 17 Schmidt, a.a.O., S. 29. – 18 Adornos Vorlesung *Probleme der Moralphilosophie* wird 1996 als Band 10 der IV. Abteilung in der Edition seiner Nachgelassenen Schriften, Frankfurt a.M. 1993 ff. erscheinen; vgl. die Vorlesung vom 2. Juli 1963, Theodor W. Adorno Archiv, Vo 8483 H. – 19 Hegel, Jenaer Kritische Schriften Bd.III: Glauben und Wissen oder die Reflexionsphilosophie der Subjektivität, in der Vollständigkeit ihrer Formen, als Kantische, Jacobische und Fichtesche Philosophie, neu hrsg. von Hans Brockard und Hartmut Buchner, Hamburg 1986, S. 134. – 20 Vgl. dagegen van den Bergh, a.a.O., S. 161, der diese Dimension verfehlt. – 21 Vgl. Heidegger, Sein und Zeit, 15. Aufl., Tübingen 1979, S. 219, 230 u. 444. – 22 Ders., Erläuterungen zu Hölderlins Dichtung, 5. Aufl., Frankfurt a.M. 1981, S. 93. – 23 Vgl. Peter Szondi, Briefe, hrsg. von Christoph König und Thomas Sparr, Frankfurt a.M. 1993, S. 136 (Brief an Adorno vom 5. Dezember 1963). – 24 Vgl. zuletzt Manfred Frank, Der kommende Gott, Frankfurt a.M. 1982, S. 268-271 und Heinrich Rombach, Der kommende Gott, Freiburg i.Br. 1991, S. 30 f. – 25 Andreas Poltermann / Emil Sander, Rede im Exil. Theologische Momente im Werk Walter Benjamins, in: ›Kritische Theorie‹ zwischen Theologie und Evolutionstheorie, hrsg. von Wilfried Kunstmann und Emil Sander, München 1981, S. 28. – 26 Hölderlin, Einhundert Gedichte, hrsg. von Dietrich E. Sattler, Frankfurt a.M. 1989, S. 109, Z. 149. – 27 A.a.O., S. 113, Z. 50 f. – 28 Benjamin, a.a.O., Bd. I · 1, S. 405 f. – 29 Vgl. ebd., S. 406. – 30 A.a.O., S. 407.

Jan Philipp Reemtsma

Nicht Kösteins Paradox
Zur *Dialektik der Aufklärung**

Das Buch hieß ursprünglich »Philosophische Fragmente«. Es wurde im Mai 1944 fertig, als Typoskript mit geringer Auflage. Einer Vorrede folgen sechs Abschnitte: »Begriff der Aufklärung«, »Odysseus oder Mythos und Aufklärung«, »Juliette oder Aufklärung und Moral« (diese beiden werden als »Exkurse« zum »Begriff der Aufklärung« bezeichnet), »Kulturindustrie. Aufklärung als Massenbetrug«, »Elemente des Antisemitismus. Grenzen der Aufklärung«, »Aufzeichnungen und Entwürfe« – der letzte macht das Fragmentarische des Buches, auf das der erste Titel noch hinwies, deutlich. 1947 wurden die »Philosophischen Fragmente« bei Querido in Amsterdam unter dem Titel *Dialektik der Aufklärung* veröffentlicht, waren dann lange Zeit vergriffen und wurden 1969 neu publiziert.

Die »Vorrede« formuliert das Ziel der gemeinsamen Arbeit so: »Was wir uns vorgesetzt hatten, war tatsächlich nicht weniger als die Erkenntnis, warum die Menschheit, anstatt in einen wahrhaft menschlichen Zustand einzutreten, in eine neue Art von Barbarei versinkt.« (3/1)[1] Vordergründig gehört die *Dialektik der Aufklärung* also in die Reihe jener Bücher, die, wie etwa Wilhelm Reichs *Massenpsychologie des Faschismus,* erklären wollen, warum in den zwanziger und dreißiger Jahren in Deutschland eine sozialistische Revolution ausgeblieben war und statt dessen ein faschistisches Regime die Macht nicht nur ergreifen, sondern durch sehr weiten Konsens gestützt halten konnte. Allerdings untersucht die *Dialektik der Aufklärung* weder die deutsche Situation im besonderen, noch speziell politische, ökonomische, soziale oder sozialpsychologische Fragen, sondern entwirft eine Theorie der abendländischen Zivilisation.

Die *Dialektik der Aufklärung* ist gewiß nicht das, was man ein marxistisches Werk nennen würde, aber ihre Ausgangsfrage stammt aus marxisti-

---

* Überarbeitete Fassung eines am 20.10.1994 in der von der Evangelischen Akademie Nordelbien veranstalteten Vortragsreihe »Jüdisches Denken im 20. Jahrhundert« gehaltenen Vortrages.

scher Tradition. Man muß sich das klarmachen, weil das Ergebnis einer Untersuchung entscheidend davon abhängig ist, und bei einer Erklärung – sie mag von gängigen sozialwissenschaftlichen Erklärungen noch so weit entfernt sein – ist es natürlich von großer Wichtigkeit, was man eigentlich für die ›Normalsituation‹ oder ›zu erwartende Entwicklung‹ hält, und was für die Abweichung von dieser, die einen Erklärungsbedarf mit sich bringt. Die *Dialektik der Aufklärung* geht, wie andere, ›marxistischere‹ Arbeiten davon aus, daß ›eigentlich‹ eine Selbstbefreiung der Menschen zu erwarten gewesen wäre (egal, wie man sich die nun vorstellt), und davon, daß das nationalsozialistische Regime (und die kapitalistische Wirtschaftsordnung generell) nicht den Interessen der Mehrheit der Bevölkerung entspreche, und daß darum erklärt werden müsse, wie es zur Machtergreifung Hitlers habe kommen können.

Je stärker jemand nun in seiner Theorie die ›Normalerwartung‹ macht, desto stärker muß er in seiner Theorie die von ihm analysierte Gegenbewegung machen, um plausibel darlegen zu können, warum sie triumphieren konnte. Je stärker also die ›Normalerwartung‹ in der Theorie ist, desto weniger werden in der Theorie Kontingenzen – Auswirkungen von Einzelereignissen, politische Fehler usw. – eine Rolle spielen. Umgekehrt kann man sagen, daß einer Theorie, deren Ergebnis die Darlegung nicht der Unvermeidlichkeit, aber doch die einer gewissen Geradlinigkeit zur Katastrophe hin ist, eine besonders starke ›Normalerwartung‹ voraufgegangen ist, und die bleibt, rückdeterminiert durch ihre Widerlegung, in der Theorie eingekapselt. Das psychologische Korrelat zu diesem theoretischen Sachverhalt ist der enttäuschte Optimist, der oft zum wütenden Pessimisten wird, wogegen derjenige, der im Leben ohnehin wenig zu gewinnen meinte, wesentlich seltener dazu tendiert, alles verloren zu geben.

Wichtiger aber noch ist, daß durch diese Abwesenheit kontingenter Faktoren die angenommene Beziehungsdichte zwischen den Phänomenen sehr hoch sein wird – die Theorie ist sozusagen sehr eng gefugt. Daß alles mit allem zusammenhängt, ist ja nur dann eine Trivialität, wenn ich nichts über die Art des Zusammenhanges sage. Bei einer engfugigen Theorie tendieren die Zusammenhänge aber zum System, in dem Ereignisse vom Typ des zufälligen Querschlägers, der die Wanduhr trifft, die dem Vater auf den Kopf fällt, umbringt und so die Familie ruiniert, nicht vorkommen, bzw. aus eben systematischen Gründen vernachlässigt werden können, ja müssen. Diese Tendenz, jedem Phänomen seinen Ort in einem System zuzuweisen, steht im Falle der *Dialektik der Aufklärung* in starker Spannung zu der expliziten Kritik am Systemdenken in der Philosophie – und zur fragmentarischen Form, die intendiert war und erst der Querido-Titel ein wenig kaschierte.

Die *Dialektik der Aufklärung* analysiert das – 1944 – gegenwärtige historische Unheil aus seinen historisch fernsten – Mythos – und seinen aktuellsten – ›Kulturindustrie‹ – Quellen und zeigt, wie sich beide verbinden. Die *Dialektik der Aufklärung* sucht den weitesten Rahmen für ihre Analysen: die abendländische Zivilisation (und im Grunde den Prozeß der Zivilisation überhaupt). Und sie wendet sich einer scheinbaren Besonderheit zu: der Tatsache, daß in Deutschland (und in der Folge per Okkupation und Kollaboration in großen Teilen von Mittel-, Süd- und Osteuropa) ein mörderisch-antisemitisches Regime an der Macht war. In diesem Doppelblick der Analyse spiegelt sich die Situation der Verfasser als Emigranten aus Deutschland. Sie emigrierten als Vertreter des Allgemeinen (als Intellektuelle nämlich, linke Intellektuelle zumal, Vertreter also nicht einer speziellen Lehre, sondern nach eigenem Verständnis Vertreter der Tradition von Vernunft und Aufklärung und Emanzipation des Menschen aus seiner verordneten und selbstverschuldeten Unmündigkeit und sozialen Unterdrückung), und sie emigrierten als Angehörige einer besonderen Gruppe, der Juden. Der Versuch, diese Art Allgemeinheit und Besonderheit in eine theoretische Figur zu fassen, ist der Kern der *Dialektik der Aufklärung*.

Sehr grob gesprochen gibt es eine Kontroverse darüber, ob der Antisemitismus im Nationalsozialismus ein ›selbständiges‹ oder ›abhängiges‹ Phänomen gewesen sei – anders formuliert: ob der Antisemitismus der Nazis vornehmlich eine Fortsetzung der jahrhundertelangen Tradition des Antisemitismus (und darum auch in erster Linie aus ihr zu erklären), oder ob er ein Phänomen gewesen sei, in dem Probleme ihren Ausdruck gefunden hätten, die für sich genommen mit der Geschichte des Antisemitismus nichts zu tun haben. Die erstere Haltung hat etwa der Ankläger im Prozeß gegen Adolf Eichmann in Jerusalem eingenommen, die letztere einige marxistische Theoretiker (aber auch Günther Anders zuweilen), die im Antisemitismus der Nazis ein Ablenkungsmanöver sahen, das dem ausgebeuteten Proletariat ein Haßobjekt angeboten habe, um es vom eigentlichen Klassenfeind abzulenken. Wo beide Haltungen nichts mehr erklären können, kann man leicht sehen: die eine vernachlässigt die Besonderheiten des modernen Antisemitismus gegenüber dem traditionell-religiösen, die andere vermag nicht zu sagen, wie ein angeblicher politischer Trick zu einer Obsession werden kann, der am Ende – siehe Hitlers Testament –

der einzige Inhalt des politischen Systems bleibt. Mit einer bloßen Abwehr der einseitigen Varianten dieser Erklärungsdichotomie und einem Sowohl-als-auch, das immer schnell bei der Hand ist, ist allerdings theoretisch nicht viel gewonnen.

In den »Elementen des Antisemitismus« finden sich viele Sätze, die nahezulegen scheinen, daß der Antisemitismus für Adorno und Horkheimer ein Epiphänomen ist, etwa: »Der bürgerliche Antisemitismus hat einen spezifischen ökonomischen Grund: die Verkleidung der Herrschaft in Produktion.« (3/197) Es geht um die Juden als Agenten der Zirkulationssphäre. Die ökonomische Sinnestäuschung, die Ausbeutung im Tausch Ware – Geld (im Wucher) zu vermuten, und nicht im Verhältnis von Arbeit und Kapital, führt zum Quidproquo: »Darum schreit man: haltet den Dieb! und zeigt auf den Juden. Er ist in der Tat der Sündenbock [...] in dem umfassenden Sinn, daß ihm das ökonomische Unrecht der ganzen Klasse aufgebürdet wird.« (3/198) »Der Handel war nicht sein Beruf, er war sein Schicksal. Er war das Trauma des Industrieritters, der sich als Schöpfer aufspielen muß. Aus dem jüdischen Jargon hört er heraus, wofür er sich insgeheim selbst verachtet: sein Antisemitismus ist Selbsthaß, das schlechte Gewissen des Parasiten.« (3/200)

Aber es gibt andere Sätze, die sich auf die besondere Tradition des Judentums in christlichen Jahrhunderten beziehen: »Der völkische Antisemitismus will von der Religion absehen. [...] Schwerlich aber ist die religiöse Feindschaft, die für zweitausend Jahre zur Judenverfolgung antrieb, ganz erloschen.« (3/200) Und weiter: »Der Fortschritt« – des Christentums – »über das Judentum ist mit der Behauptung erkauft, der Mensch Jesus sei Gott gewesen. Gerade das reflektive Moment des Christentums, die Vergeistigung der Magie ist schuld am Unheil. Es wird eben das als geistigen Wesens ausgegeben, was vor dem Geist als natürlichen Wesens sich erweist. Genau in der Entfaltung des Widerspruchs gegen solche Prätention von Endlichem besteht der Geist.« (3/202) Das ist nicht nur eine jüdische Einrede gegen christlich-abendländische Tradition, sondern impliziert die Behauptung, daß in dieser – von der Tradition her partikularen – Einrede mehr an Humanität stecke und mehr an Aufklärung, die nicht an ihrer immanenten Dialektik zugrundegehen müsse, als im Ensemble, gegen das sie sich renitent zu Worte meldet.

Eine nervöse Synthese finden beide Arten von Sätzen in folgendem Versuch, die Vorstellung von Zufall und Notwendigkeit, Willkür und Determination in eins zu fassen: »In solcher Macht bleibt es dem von der Partei gelenkten Zufall überlassen, wohin die verzweifelte Selbsterhaltung die Schuld an ihrem Schrecken projiziert. Vorbestimmt für solche Lenkung sind die Juden.« (3/224) Hier kommen also zwei Phänomenbereiche zusammen, der des traditionellen Antisemitismus und die Bedürfnisse des modernen Menschen, seinen Ängsten eine figürlich-faßliche Gestalt zu geben. Hier kommen auch zwei theoretische Bewegungen zusammen, der funktionalistische Ansatz und der, der im Antisemitismus ein selbständiges Phänomen sieht – die Juden seien ›vorbestimmt‹ heißt nämlich beides: daß sie als Feinde bereits vorhanden waren, wie daß sie die Funktion besonders gut erfüllen konnten. »Die Zirkulationssphäre, in der sie ihre ökonomischen Machtpositionen besaßen, ist im Schwinden begriffen. [...] Gleichgültig wie die Juden an sich selber beschaffen sein mögen, ihr Bild, als das des Überwundenen, trägt die Züge, denen die totalitär gewordene Herrschaft todfeind sein muß: des Glückes ohne Macht, des Lohnes ohne Arbeit, der Heimat ohne Grenzstein, der Religion ohne Mythos.« (3/224 f.)

Die Juden als empirische Personen sind zufällige Feinde, zufällige Objekte der Projektion, doch das Bild, das sich der Antisemit von ihnen entwirft, ist notwendig, und zwar nicht nur notwendig in seinem Projektionsgehalt, d.h. in den unterdrückten Wünschen, die in ihm zum Ausdruck kommen und in Haß deformiert werden, sondern das Bild der Juden, das der Antisemit entwirft, habe, so Adorno und Horkheimer, durchaus etwas mit den Juden als Trägern einer bestimmten Tradition zu tun. Das Bild des Schacherjuden werde hier zwar mit der realen Rolle, die Juden in der Zirkulationssphäre gespielt hätten, zusammengebracht, aber nicht so, daß es etwa als Ausdruck eines aus der Wirklichkeit gewonnenen Ressentiments zu deuten sei. Wichtig sei vielmehr, daß jene Rolle ausgespielt sei, die in wie geringem Maße auch immer, so doch vordem vorhanden gewesene Machtstellung verlassen sei. Sie bekomme so Züge eines goldenen Zeitalters und reichere sich an mit kollektiven Sehnsüchten, denen keine gesellschaftliche Praxis entspreche. »Verpönt sind diese Züge« – des Bildes vom Juden –, »weil die Beherrschten sie insgeheim ersehnen« (3/225): Glück ohne Macht, Lohn ohne Arbeit, Heimat ohne Grenzstein, Religion ohne Mythos.

Sind die ersten beiden Züge des Bildes noch Phantasien über den reichen, wiewohl nicht assimilierten und somit aus der Politik ausgeschlossenen Juden, ist der dritte, die Verweigerung des Bürgerrechts und die Schmähung als vaterlandslos, schon der Wunschtraum dessen, an den totalitär gewordene Macht totalen Anspruch stellt. Der vierte Zug des Bildes, Religion ohne Mythos, ist die Antithese zur abendländischen Zivilisation schlechthin und bezeichnet das Zentralthema der *Dialektik der Aufklärung*, die Verwandtschaft des Lichtes der Aufklärung (sprich: westlicher Zivilisation) mit dem Dunkel des Mythos als Ursprung und Ziel. Hiermit wird die Judenfrage zu *dem* zentralen Thema – und Anathema – unserer Zivilisation, und es fällt der Satz, der sich mit einer funktionalistischen Analyse vor der Hand kaum übereinbringen läßt: ›die Judenfrage erweist sich als Wendepunkt der Geschichte‹.

Nein, der Satz steht im Konjunktiv: »die Judenfrage erwiese sich in der Tat als Wendepunkt der Geschichte« (3/225), *wenn*... Und die Konditionalkonstruktion sagt: wenn sie aus dem funktionalen Zusammenhang mit der modernen Gesellschaft gelöst, wenn die antisemitische Propaganda als fauler Zauber entlarvt werden könne, wenn die im Haß auf Phantasiegestalten projizierten Wünsche als Wünsche erkannt und somit in Triebkräfte gesellschaftlich-emanzipatorischer Praxis umgeformt werden können, wenn... Doch damit es zur Selbstemanzipation des Menschen komme, müsse *zuerst* der antisemitische Wahn durchbrochen werden: »Die Umwendung hängt davon ab, ob die Beherrschten im Angesicht des absoluten Wahnsinns ihrer selbst mächtig werden und ihm Einhalt gebieten.« (3/225) Nur so könne die gesellschaftliche Emanzipation gelingen und diese sei ihrerseits die Vorbedingung für die Emanzipation des Menschen aus der Geschichte seiner Selbstzivilisierung, die doch nie vermocht hat, ihn aus dem Banne des Mythos zu befreien, und die eine Geschichte der Verleugnung jenes anderen Weges wahrer Aufklärung, wirklicher Emanzipation vom Mythos gewesen sei, den die jüdische Tradition weise.

Mythos und Aufklärung sind in der *Dialektik der Aufklärung* keine Gegensätze: schon der Mythos sei Aufklärung und vollendete Aufklärung falle in den Mythos zurück. »Die Mythen, die der Aufklärung zum Opfer fallen, waren selbst schon deren eigenes Produkt. In der wissenschaftlichen Kalkulation des Geschehens wird die Rechenschaft annulliert, die der Gedanke in den Mythen einmal vom Geschehen gegeben hatte. Der Mythos wollte berichten, nennen, den Ursprung sagen: damit aber darstellen, festhalten, erklären. Mit der Aufzeichnung und Sammlung der Mythen hat sich das verstärkt. [...] Die Mythen, wie sie die Tragiker vorfanden, stehen schon im Zeichen jener Disziplin und Macht, die Bacon als das Ziel verherrlicht.« (3/24) Zuvor hatten die Verfasser Francis Bacon zitiert, der von der künftig »glücklichen Ehe des menschlichen Verstandes mit der Natur der Dinge« spricht und, nicht im Widerspruch zur, sondern in

Auslegung der Ehe-Metapher, daß wir heute noch »die Natur in unserer bloßen Meinung« beherrschten, in Wahrheit aber »ihrem Zwange unterworfen« seien, künftig aber, in einer Zeit planvollen und ungehemmten technischen Fortschritts »ihr in der Praxis gebieten« könnten. (3/19 f.) »Die Aufklärung«, so Adorno und Horkheimer, »verhält sich zu den Dingen wie der Diktator zu den Menschen. Er kennt sie, insofern er sie manipulieren kann. Der Mann der Wissenschaft kennt die Dinge, insofern er sie machen kann. Dadurch wird ihr An sich Für ihn. In der Verwandlung enthüllt sich das Wesen der Dinge immer als je dasselbe, als Substrat von Herrschaft. Diese Identität konstituiert die Einheit der Natur.« (3/25) Mythos wie Aufklärung versuchen, das Fremde zu begreifen, beide tun es, indem sie es dem Zugriff zurichten. Die Angst vor dem Anderen wird dadurch überwunden und aufbewahrt. »Aufklärung ist die radikal gewordene, mythische Angst. [...] Es darf überhaupt nichts mehr draußen sein, weil die bloße Vorstellung des Draußen die eigentliche Quelle der Angst ist.« (3/32) So ist denn Herakles, der die Monstren bezwingt und sogar den Kerberos aus dem Hades holt, »als eines der Urbilder mythischer Gewalt« auch der Heros der Aufklärung: er ebenso wie »sie schneidet das Inkommensurable weg« (3/29). Und nicht nur die Natur wird nur verstanden, wenn sie sub specie ihrer Gesetzlichkeit betrachtet wird, in der ihre Phänomene als Rechengrößen vorkommen, sondern auch der Mensch wird nur mehr als das gewürdigt, was an ihm kommensurabel ist. Und: »Nicht bloß werden im Gedanken die Qualitäten aufgelöst, sondern die Menschen zur realen Konformität gezwungen. Die Wohltat, daß der Markt nicht nach Geburt fragt, hat der Tauschende damit bezahlt, daß er seine von Geburt verliehenen Möglichkeiten von der Produktion der Waren, die man auf dem Markte kaufen kann, modellieren läßt. Den Menschen wurde ihr Selbst als je eigenes, von allen anderen verschiedenes geschenkt, damit es desto sicherer zum gleichen werde. Weil es aber nie ganz aufging, hat auch über die liberalistische Periode hin Aufklärung stets mit dem sozialen Zwang sympathisiert. Die Einheit des manipulierten Kollektivs besteht in der Negation jedes Einzelnen, es ist Hohn auf die Art Gesellschaft, die es vermöchte, ihn zu einem zu machen. Die Horde, deren Name zweifelsohne in der Organisation vorkommt, ist kein Rückfall in die alte Barbarei, sondern der Triumph der repressiven Egalität.« (3/29)

Insofern ist der Antisemitismus so archaisch wie modern: »Der Antisemitismus als Volksbewegung war stets, was seine Anstifter den Sozialdemokraten vorzuwerfen liebten: Gleichmacherei.« (3/194) Im Haß auf das Inkommensurable nun erkennt der Antisemitismus seinen Gegner mehr als er – selber gleichgeschaltet und wünschend, alles auf sein Maß herunterzubringen, damit er nicht mehr spüre, was ihm fehlt – ihn projizierend verkennt. »Der völkische Antisemitismus will von der Religion absehen. […] Schwerlich aber ist die religiöse Feindschaft, die für zweitausend Jahre zur Judenverfolgung antrieb, ganz erloschen.« (3/200) Das aber nicht deshalb – wie man mit auch guten Gründen annehmen könnte –, weil solche zweitausend Jahre selber zu Motivation und Antrieb werden können, sondern weil, so die Verfasser, die jüdische Religion den Gedanken des Inkommensurablen bewahre. Sie widersetze sich der Vorstellung, der Mensch Jesus sei Gott gewesen, indem sie sich sowohl der Vergöttlichung des Menschen wie der Vermenschlichung Gottes widersetze. Auch die Erlösung, die christlicherseits eine abgemachte Sache ist, gehöre ihr nicht unter die Gegebenheiten. »Die jüdische Religion duldet kein Wort, das der Verzweiflung alles Sterblichen Trost gewährte. Hoffnung knüpft sie einzig ans Verbot, das Falsche als Gott anzurufen, das Endliche als das Unendliche, die Lüge als Wahrheit. Das Unterpfand der Rettung liegt in der Abwendung von allem Glauben, der sich ihr unterschiebt, die Erkenntnis in der Denunziation des Wahns.« (3/40) Mit diesen Worten haben Adorno und Horkheimer – »die Dialektik der Aufklärung schlägt objektiv in den Wahnsinn um« (3/230), heißt es, noch einmal eine aphoristische Zusammenfassung des Gedankens von der Identität von Mythos und Aufklärung versuchend, in der letzten These über den Antisemitismus – ihr Buch als Bestandteil jüdischer religiöser Tradition gekennzeichnet, und nicht als peripheren, versucht das Buch doch, was es als ihren Kern ansieht, in wie auch immer säkularisierter (und säkularisierbarer) Gestalt zu bewahren.

Wie immer auch säkularisiert: in diesem Festhalten am Gedanken des Inkommensurablen steckt nämlich noch etwas anderes, die Auseinandersetzung mit möglichen sozialen Rollen nämlich. Es handelt sich um die Weigerung, ein Parvenu zu sein. In ihrem Buch über Rahel Varnhagen hat Hannah Arendt den Parvenu durch die Worte Karl Varnhagens so gekennzeichnet: »Ich habe einen Trieb, den ich gar nicht hemmen kann, in den Vorgesetzten mich selbst zu ehren und ihren guten Eigenschaften auf die Spur zu kommen, um sie zu lieben.«[2] Sie fährt fort: »Varnhagens Trieb kennen alle Parvenus, alle, die sich in eine Gesellschaft, in einen Stand, eine Klasse hinaufschwindeln müssen, zu der sie nicht gehören. Der angestrengte Versuch zu lieben, wo einem nur das Gehorchen übrigbleibt, führt meist weiter als die einfache und ungekünstelte Subalternität. Indem man den ›guten Eigenschaften der Vorgesetzten auf die Spur kommt‹, hofft man das unleidliche und unausweichliche Ressentiment loszuwerden. Wer den entschlossenen Willen hat, in die Höhe zu kommen, zu arrivieren, muß sich frühzeitig gewöhnen, die zu erreichende Stufe im Schwindel der freiwilligen Anerkennung vorwegzunehmen; muß sich frühzeitig hüten, sich mit blindem Gehorsam, der allein gefordert ist, zu begnügen; muß immer so tun, als leiste er freiwillig und als Herr all das, was von Knechten und Untergebenen ohnehin erwartet wird. Der Schwindel hat selten unmittelbaren Einfluß auf die Karriere, ist aber von größtem Nutzen für gesellschaftliche Erfolge und soziale Stellung. Mit dem Schwindel bereitet der Paria die Gesellschaft auf seine Karriere als Parvenu vor.«[3] Der Parvenu träumt »nie von einer Änderung schlechter Zustände, sondern von einem Personalwechsel« zu seinen Gunsten[4], ihm »wird alle unschuldige Sympathie zum Erfolg, alle unschuldige Antipathie zur Kränkung«[5], alles mißt er an den Auswirkungen auf ihn selbst, aber er reduziert sich auf das Hinaufgelangen, dorthin, wo die andern schon sind, er will werden wie sie.

Es gehört nun zum Parvenu, daß er seine soziale Rolle nicht durchschaut. »Ein ehrlicher Parvenu, der sich eingesteht, daß er nur vag wünschte, was alle haben, und ehrlich entdeckt, daß er etwas Bestimmtes nie hat haben wollen, ist eine Art Paradox.«[6] Zum Parvenu gehört mithin eine bestimmte Art Dummheit: »Der Parvenu bezahlt den Verlust der Pariaeigenschaften damit, daß er endgültig unfähig wird, Allgemeines zu erfassen, Zusammenhänge zu erkennen, sich für anderes als seine eigene Person zu interessieren.«[7]

Parvenus finden wir überall, wo gesellschaftlicher Aufstieg individuell möglich ist, und überall dort, wo eine Kultur ein Assimilationsangebot macht. In beiden Fällen wird Anpassung, Selbstgleichmacherei, leere Egalisierung verlangt. »Die Gleichheit selber [wird] zum Fetisch« (3/33), heißt es in der *Dialektik der Aufklärung*, im Assimilationsangebot wird es die Angleichung. Daß Horkheimer wie Adorno alles andere als nichtassimilierte Juden waren, Theodor W. Adorno den Vaternamen Wiesengrund nur als Kürzel vor dem italienischen der Mutter führte, macht diese Kritik an der Assimilation, die aus dem Exil formuliert wird, besonders bedeutsam. So schreibt denn der Direktor des exilierten Instituts für Sozialforschung, der ehemalige Professor für Philosophie an der Universität Frankfurt, in Los Angeles: »Alle Großtaten der Prominenten haben die

Aufnahme des Juden in die Völker Europas nicht bewirkt, man ließ ihn keine Wurzeln schlagen und schalt ihn darum wurzellos. Stets blieb er Schutzjude, abhängig von Kaisern, Fürsten oder dem absolutistischen Staat. Sie alle waren einmal ökonomisch avanciert gegenüber der zurückgebliebenen Bevölkerung.« Und mit dem Blick auf das benachbarte Hollywood und Goldwyn-Meyer: »Selbst der jüdische Regent eines amerikanischen Vergnügungstrusts lebt in seinem Glanz in hoffnungsloser Defensive. Der Kaftan war das geisterhafte Überbleibsel uralter Bürgertracht. Heute zeigt er an, daß seine Träger an den Rand der Gesellschaft geschleudert wurden, die, selber vollends aufgeklärt, die Gespenster ihrer Vorgeschichte austreibt. Die den Individualismus, das abstrakte Recht, den Begriff der Person propagierten, sind nun zur Spezies degradiert. Die das Bürgerrecht, das ihnen die Qualität der Menschheit zusprechen sollte, nie ganz ohne Sorge besitzen durften, heißen wieder Der Jude, ohne Unterschied.« (3/199 f.)

Die *Dialektik der Aufklärung* ist auch der Versuch, die Dialektik der Assimilation zu beschreiben und sich der parvenuhaften Affirmation dieser Dialektik zu verweigern. Der Soziologe Zygmunt Bauman hat, ausgehend von Adornos und Horkheimers Gedanken, in seinem Buch *Moderne und Ambivalenz* aus der antinomischen Struktur der Assimilation die Problemlage der modernen Kultur analysiert. Assimilation bedeutet bei Bauman einen Spezialfall der Anpassung der Menschen an den modernen Nationalstaat – und dieses allgemeine Projekt der Anpassung wird besonders deutlich in der Assimilation der Juden, wiederum im besonderen der deutschen auf der Grenze zwischen West und Ost.

Bauman nennt das Projekt der Assimilation eine »Falle«, die im Prozeß der modernen Nationalstaatenbildung aufgestellt worden sei. Die bürgerliche Gesellschaft mache ein Gleichheitsversprechen, dessen Kehrseite der Homogenisierungsdruck der modernen Gesellschaft sei. Wer auf der Einlösung des Versprechens beharre, gebe gleichzeitig dem Druck, der auf ihn ausgeübt wird, nach. Mehr noch: er unterwerfe sich einem Maßstab der Anpassung, dem er nicht genügen könne. »Was am Ende zählte, war die Tatsache, daß die einheimische Elite das Recht für sich beanspruchte und eifersüchtig hütete, darüber zu urteilen und zu entscheiden, ob die Bemühungen, die kulturelle Unterlegenheit zu überwinden, wirklich ernsthaft und vor allem erfolgreich gewesen seien (tatsächlich kann nicht oft genug betont werden, daß die ganze Idee der gesellschaftlichen Vervollkommnung als Aufgabe der Assimilation ihren Sinn aus dem Bestehen einer solchen fest etablierten und unbestrittenen Elite zog: assimilieren hieß – sei es auch nur indirekt – ihre unbezweifelbare Überlegenheit anerkennen). Für die einzelnen, die danach strebten, zu der Gesellschaft der Auserlesenen zugelassen zu werden, verwandelte sich die Welt in ein Testgelände und das Leben in eine permanente Gerichtssitzung. Sie hatten sich auf ein Leben unter Beobachtung eingelassen, auf eine lebenslängliche und niemals endgültige Prüfung.«[8] Der Jude, der diese Prüfung nicht bestand, erwies sich als verstockt oder rückständig oder als Feind einer liberalen und fortschrittlichen Gesellschaft; der, der sie scheinbar bestanden hatte, erwies sich dadurch als wurzellos, zudem als einer, der sein Herkommen verbirgt, ein Heimlichtuer, einer, der sich einschleicht oder hineindrängt, nur auf seinen Vorteil aus ist und so weiter – also einer, den man daran erkennen kann, daß er sich um jeden Preis assimilieren will, und hat ihn so wieder erkannt: als Juden.

Nun verschafft diese Erfahrung, wenn sie denn bewußt wird und nicht in der Existenzweise des Parvenus verleugnet wird, ein Erkenntnisprivileg. Jeder sieht von seinem sozialen Standort bestimmte Züge einer Gesellschaft deutlicher, andere weniger deutlich als andere. Der Standort der Assimilationsfalle bringt die Möglichkeit eines scharfen Blickes auf die Regeln, nach denen gesellschaftlicher Ein- und Ausschluß gehandhabt wird, und gewährt damit Einsichten in das Gesellschaftsganze, die von anderen sozialen Örtern weniger klar zu haben sind. »Mit anderen Worten, die Erfahrung, die die Juden mit dem Modernisierungsprozeß machten, bot eine optimale Gelegenheit für die Formung und bewußte Artikulation der geistigen Strukturen, die die charakteristischen Merkmale der modernen Kultur werden sollten. Und umgekehrt – solche Merkmale treten schärfer und deutlicher erkennbar hervor, wenn sie im Zusammenhang mit der sozialen Situation gesehen werden, mit der sie am offensichtlichsten in Resonanz stehen. Das soll nicht heißen, daß die moderne Kultur in ihrem Charakter ›jüdisch‹ sei. Und es bedeutet auch nicht, daß Juden von Natur aus ›modern‹ seien. Aber es bedeutet, daß die Moderne im Kampf gegen die Ambivalenz die Juden (wie auch weiterhin alle ›Fremden‹) in die Situation einer so abgründigen und durchdringenden Ambivalenz geworfen hat, daß die condition humaine ihrer partikularistischen Umhüllung entblößt wurde und schließlich jene Ambivalenz freigelegt hat, die die Universalität der modernen condition humaine konstituiert: die Verwirklichung und den Bankrott des Projekts der Moderne.«[9] Diese Sätze transponieren die Befunde der *Dialektik der Aufklärung* in eine

Soziologie der Moderne und zeigen, wie der scheinbare Widerspruch von funktionalistischer und partikularistischer Betrachtung des Antisemitismus in einer Beschreibung sozialer Dynamik sich auflöst.

Für diejenigen, die den besonderen Preis des allgemeinen Bankrotts der Moderne zu zahlen hatten, ergab sich, wenn sie sich der Selbsttäuschung des Parvenus verweigerten, eine Erkenntnischance. »Durch ein nicht eben erbauliches, finsteres Paradox war der Ausbruch jüdischer intellektueller Kreativität, der sich als moderne Kultur sedimentierte, ein Ergebnis der Intoleranz der Moderne.«[10] In der *Dialektik der Aufklärung,* im Juliette-Exkurs, heißt es: »Weibern und Juden sieht man es an, daß sie seit Tausenden von Jahren nicht geherrscht haben. Sie leben, obgleich man sie beseitigen könnte, und ihre Angst und Schwäche, ihre größere Affinität zur Natur durch perennierenden Druck, ist ihr Lebenselement. Das reizt den Starken, der die Stärke mit der angespannten Distanzierung zur Natur bezahlt und ewig sich die Angst verbieten muß, zu blinder Wut. Er identifiziert sich mit Natur, indem er den Schrei, den er selbst nicht ausstoßen darf, in seinen Opfern tausendfach erzeugte.« (3/132 f.) Natur bedeutet das noch nicht Einverstandene, noch nicht Eingemeindete, noch Fremde, ihr Bündnis mit dem Inkommensurablen (Adorno/Horkheimer), der Ambivalenz (Bauman). Bauman fährt fort: »Die Episode der erstaunlichen kulturellen Kreativität der Juden erwuchs aus ihrer Agonie und dem Leiden, ebenso wie die Universalität der modernen Kultur aus dem Drama der modernen Provinzialität entstand. Es war vielleicht notwendig, zuerst auf der Empfängerseite des modernen Drangs nach Ordnung, Gewißheit und Gleichförmigkeit Todesqualen zu erleiden, um zu lernen, mit Polysemie, Ambivalenz und den unendlichen Möglichkeiten einer unentscheidbaren Welt zu leben. Schließlich ging der Schandpfahl als Ausguck, von dem aus das Land der Moderne zum ersten Mal gesichtet wurde, in die Geschichte ein.«[11]

Die Theoretiker der Ambivalenz, die Zygmunt Bauman aufführt – Freud, Kafka, Simmel –, haben in seiner Darstellung eines gemeinsam: sie räumen in ihren theoretischen Entwürfen der Kontingenz einen großen Raum ein. Das Kontingente paßt nicht in die allseitig aufgerichtete Notwendigkeit, weil es eben nicht paßt, it just doesn't fit; das Inkommensurable trägt in sich das Zeichen der Opposition zum Großen Ganzen – doch wenn der Dialektiker es will, wird es, als Antithese, Teil. Ein Buch, das *Dialektik der Aufklärung* heißt und dem System Opposition ansagt, kommt darum leicht in die Nähe von His Majesty's Opposition, es ist

Antithese von Gnaden eines höheren Systems. »Die Verneinung freilich ist nicht abstrakt«, schreiben Adorno und Horkheimer, indem sie das Judentum abgrenzen etwa vom Buddhismus, von seinem »Gegenteil«, dem Pantheismus, oder seiner »Fratze«, der »bürgerlichen Skepsis« (3/40) – in ihrer Abneigung ganz in Hegelscher Tradition. Der Satz von der nicht-abstrakten Verneinung steht genau nach der Anrufung jüdisch-religiöser Tradition und der Beschwörung jener Erkenntnis, die einzig in der »Denunziation des Wahns« bestehe. Er steht damit auch in einer Spannung zur Rede von der Hoffnung, die einzig in der Negativität liege, es sei denn, hier habe sich die Vorstellung der bestimmten Negation als Antithese und Werkzeug zu einer erlösenden Synthese untergeschoben. Für eine solche Lesart spräche die Hoffnung, die sich in der *Dialektik der Aufklärung* an die jüdische Frage knüpft, wenn sie auch im Konjunktiv gehalten ist: sie *könnte* sich in der Tat als Wendepunkt der Geschichte erweisen.

Der gewählte geschichtsphilosophische Ausgangspunkt, die Erwartung einer ›Normalentwicklung‹, die Erklärungsbedarf mit sich bringt, wenn sie nicht eintritt, ist somit nicht zufällig. Er verdankt sich der nicht abstrakten, sondern bestimmten Negation der Dummheit des Parvenus. Sieht dieser nur sich selbst, bezieht er, egomanischer Teil der allgemeinen Egalitätsphantasien, alles auf sich selbst, so versucht die *Dialektik der Aufklärung* den Assimilationsanspruch des Großen Ganzen als letztlich doch nur partikularistisch zu entlarven. Ihre Verfasser kommen auf diesem Wege zu Einsichten über die mentale Verfaßtheit der modernen Gesellschaft, wie sie vor und nach ihnen kaum einer formuliert hat – vor allem in der sechsten These über den Antisemitismus und den Zusammenhang von Erkenntnistheorie und Paranoia. Wo in dieser These der Wahn denunziert wird, ist sie kaum zu widerlegen. Und doch unterliegt auch sie einem Paradox, in dem sich das des ›ehrlichen Parvenus‹, der sich eingesteht, was er sich nicht eingestehen kann, spiegelt – es deutet sich in der Umbenennung der »Philosophischen Fragmente« in »Dialektik der Aufklärung« an.

Ludwig Tieck hat in seinem historischen Roman *Der Hexen-Sabbath*[12] eine eigenartige Figur gestaltet, den Parvenu Köstein. Köstein ist ein durch Protektion aus dem gesellschaftlich wenig mächtigen Bürgertum in Adelskreise gelangter Höfling. Zufälle lassen ihn in seine Vaterstadt Arras zurückkehren, die, durch Zufälle oder, wie man sagt, Verkettung der Umstände und die Umtriebe eines geistesgestörten Bischofs, zum Schauplatz einer Hexenverfolgung wird. Köstein ist der einzige, der eine Erklärung für das Phänomen hat, das über die Stadt hereinbricht wie eine

Naturgewalt. Er, geschult durch die illusionslose Betrachtung des Kampfes um Machtpositionen, kann auch den Wahnsinn auf einen Nenner bringen. Er beschreibt, wie die wahnsinnigen Ereignisse, die jeder Rationalität widersprechen, und die Machtrationalität des Ganzen – in diesem Falle der kirchlichen Herrschaft – sehr wohl zusammenpassen können. Er wird nun selber, da sich eine politische Intrige mit dem Hexenwahn verbindet, Opfer des zuvor analysierten Mechanismus – und verliert alle seine Klugheit, reklamiert Dankbarkeit, Verdienst und so fort und bleibt vor dem Verhängnis so ratlos wie alle, die zuvor weniger klug gewesen waren. In seinem Kerkerelend ist Köstein dumm wie jeder Parvenu. Was ihn dumm machte, war, daß ihn die Zufälligkeit seines Geschicks überforderte. Das System, das er zur Erklärung des Wahns geliefert hatte, war zu gut gewesen. Der Zufall war in ihm so unter die Fuchtel des Notwendigen gestellt worden, daß der Theoretiker Köstein mit ihm nicht mehr rechnete.

Das Paradox der *Dialektik der Aufklärung* ist die Kehrseite von Kösteins Paradox. Auch die *Dialektik der Aufklärung* hat keinen Platz für die Kontingenz, darum bekommt auch in ihr das Inkommensurable seinen Platz in der großen Konstruktion des Unheils als bestimmte Negation und damit als mögliches Moment letztendlicher Heilung und Versöhnung. Auch in dieser Konstruktion hat das Inkommensurable, das sich *nicht* nach Versöhnung sehnt, keinen Platz; und damit werden eine Reihe von Phänomenen – im Bösen wie im Guten – einfach übersehen. In der großen Konstruktion haben aber vor allem die Verfasser selber keinen Platz, die – anders als Köstein – nicht dem Bösen, das er erkannte und doch in seiner Reichweite verkannte, zum Opfer fielen, sondern dem Bösen, das sie auch in seiner Reichweite (nämlich bis zum Ort ihres Exils) nicht verkannten, *nicht* zum Opfer fielen.

Der Mythos ist das archaische Mittel, die Kontingenz zu bannen. Lieber einem Gott, einem Monster, einem universalen Verhängnis zum Opfer fallen als dem Zufall. Für die modernen Sozialwissenschaften gilt, daß sie uns Modelle anbieten, die uns helfen sollen, mit den Verhängnissen in irgendeiner Weise weiterleben zu können. Mit ihrem Anspruch, die Scheußlichkeiten des Weltlaufs zu erklären, haben sie das Erbe des Mythos ebenso angetreten wie – nach dem Muster der *Dialektik der Aufklärung* – die klassifizierenden Naturwissenschaften das der Ursprungssagen. Ihr gesellschaftlicher Auftrag besteht im Bannen der Kontingenz. Es läßt sich nämlich sagen, daß es sich als Überlebender nicht gut lebt – es sei denn, man findet zu einer Haltung, die das Überleben als Ausweis besonderer

Eigenschaften und höherer Bestimmung auffaßt. Wo sich aber die Erkenntnis, daß das eigene Leben sozusagen nur eines gegen die statistische Wahrscheinlichkeit ist, nicht abweisen läßt, sind die Auswirkungen solcher Einsicht in die Kontingenz katastrophal. Die Psychologie weiß das inzwischen; es gibt viele Forschungen über das Trauma des Überlebens, ihm kommt auch keine mythisch-religiöse oder sozialwissenschaftliche Tröstung mehr bei.

Zwanzig Jahre nach 1944, dem Jahr des Erscheinens der »Philosophischen Fragmente«, schreibt Adorno, längst zurückgekehrt nach Frankfurt: »Das perennierende Leiden hat soviel Recht auf Ausdruck wie der Gemarterte zu brüllen; darum mag falsch gewesen sein, nach Auschwitz ließe kein Gedicht mehr sich schreiben. Nicht falsch aber ist die minder kulturelle Frage, ob nach Auschwitz noch sich leben lasse, ob vollends es dürfe, wer zufällig entrann und rechtens hätte umgebracht werden müssen. Sein Weiterleben bedarf schon der Kälte, des Grundprinzips der bürgerlichen Subjektivität, ohne das Auschwitz nicht möglich gewesen wäre: drastische Schuld des Verschonten. Zur Vergeltung suchen ihn Träume heim wie der, daß er gar nicht mehr lebte, sondern 1944 vergast worden wäre, und seine ganze Existenz danach lediglich in der Einbildung führte, Emanation des irren Wunsches eines vor zwanzig Jahren Umgebrachten.«[13] Diese Stimme, die da, indem sie die Buchstabenfolge ›ich‹ nur zeigt in den Wörtern »nicht« und »lediglich«, aber nicht Ich sagt, und damit das Grundmotiv aller Erfahrung von Kontingenz nur vorweist, doch nicht benennt, redet in Theodor W. Adornos *Negativer Dialektik,* einem Buch, das versucht, philosophisch das Paradox der *Dialektik der Aufklärung* zu überwinden, indem in ihm eine Gedankenfigur von These und Antithese ohne Synthese, die gleichwohl mehr wäre als bloß dies und das, vorgeführt wird. Die *Negative Dialektik* spricht, als werde mit ihr das letzte Wort der Philosophie gesprochen. Am erkannten ›Sturz‹ der Metaphysik wirkt sie nach Kräften mit, doch erklärt sie sich im letzten Satz »solidarisch« mit ihr und streicht sich damit selbst aus. Diese Geste des Ausstreichens dessen, was man gewesen, kommt aus den genannten Albträumen, sie ist die Stilfigur der *Negativen Dialektik,* geübt in den *Minima Moralia* zuvor. Auf diese These folgt die Antithese, auf die die Antithese der Antithese, die sich der Synthese verweigert. Ein Satz streicht den voraufgegangenen. Es ist eine Selbstdestruktion in Permanenz, ohne daß ein Ende abzusehen wäre. Der Text lebt nur fort in diesem stetigen Selbstmord unaufhörlichen Weitersprechens. Es ist, als habe die Diagnose der Unausweichlichkeit des Verhängnisses seinem Diagnostiker die Kontingenz des Überlebens nicht gestattet.

Und wie zum Spott steht die Schilderung so beschaffenen paradoxen Überlebens in der selbstmörderischen Rede auch in der *Dialektik der Aufklärung:* »Von der Antike bis zum Faschismus hat man Homer das Geschwätz vorgeworfen, das der Helden sowohl wie des Erzählers. Alten und neuen Spartanern jedoch hat der Ionier prophetisch darin überlegen sich gezeigt, daß er das Verhängnis darstellte, welches die Rede des Listigen, des Mittelsmanns über diesen bringt. Die Rede, welche die physische Gewalt übervorteilt, vermag nicht innezuhalten. Ihr Fluß begleitet als Parodie den Bewußtseinsstrom, Denken selber: dessen unbeirrte Autonomie gewinnt ein Moment von Narrheit – das manische –, wenn sie durch Rede in Realität eintritt, als wären Denken und Realität gleichnamig, während doch jenes bloß durch Distanz Gewalt hat über diese. Solche Distanz ist aber zugleich Leiden. Darum ist der Gescheite – dem Sprichwort entgegen – immer in Versuchung, zuviel zu reden. Ihn bestimmt objektiv die Angst, es möchte, wenn er den hinfälligen Vorteil des Wortes gegen die Gewalt nicht unablässig festhält, von dieser der Vorteil ihm wieder entzogen werden. [...] Udeis, der zwangshaft sich als Odysseus einbekennt, trägt bereits die Züge des Juden, der noch in der Todesangst auf die Überlegenheit pocht, die aus der Todesangst stammt.« (3/87 f.)

---

1 Zitate aus der *Dialektik der Aufklärung* werden im Text selber in Klammern nachgewiesen. Sie folgen der Ausgabe Theodor W. Adorno, Gesammelte Schriften, Bd. 3: Max Horkheimer und Theodor W. Adorno, Dialektik der Aufklärung. Philosophische Fragmente, hrsg. von Rolf Tiedemann, 2. Aufl., Frankfurt a.M. 1984; in den Nachweisen gilt die Ziffer vor dem Schrägstrich dem Band der *Gesammelten Schriften,* während die Ziffer dahinter die Seitenzahl bezeichnet. – 2 Hannah Arendt, Rahel Varnhagen. Lebensgeschichte einer deutschen Jüdin aus der Romantik, 10. Aufl., München, Zürich 1995, S. 186. – 3 Ebd. – 4 Ebd., S. 188. – 5 Ebd., S. 190. – 6 Ebd., S. 195. – 7 Ebd., S. 199. – 8 Zygmunt Bauman, Moderne und Ambivalenz. Das Ende der Eindeutigkeit, übers. von Martin Suhr, Taschenbuchausg., Frankfurt a.M. 1995, S. 146 f. – 9 Ebd., S. 196. – 10 Ebd., S. 198. – 11 Ebd., S. 238. – 12 Vgl. Ludwig Tieck, Schriften, Bd. 20: Novellen, Berlin 1853, S. 181 ff. – 13 Theodor W. Adorno, Gesammelte Schriften, hrsg. von Rolf Tiedemann unter Mitwirkung von Gretel Adorno u.a., Bd. 6: Negative Dialektik · Jargon der Eigentlichkeit, 4. Aufl., Frankfurt a.M. 1990, S. 355 f.

Eckart Goebel

Das Hinzutretende
Ein Kommentar zu den Seiten 226 bis 230 der *Negativen Dialektik*

Für Hella Tiedemann-Bartels

Die Reflexionen über den Begriff der Freiheit in der *Negativen Dialektik* Adornos[1] brechen radikal mit der philosophischen Tradition. Die Kantische Formulierung des transzendentalen Sittengesetzes und die Hegelsche Philosophie des Geistes, die gegen die deontische Ethik Kants die These der *Einheit* von Sein und Sollen setzt[2], konvergieren darin, Freiheit dem Bewußtsein, der Vernunft zuzuordnen. Traditionellem Verständnis zufolge ist Freiheit zunächst und vor allem die Freiheit des Subjekts von der Naturkausalität. Freiheit ist gegeben, wenn das Subjekt seinen Willen unabhängig von den bestimmenden Ursachen der Sinnenwelt nach *den* Gesetzen auszubilden vermag, die die praktische Vernunft vorschreibt. Freiheit ist Freiheit von der »Totalität der Bedingungen« (Kant), zu deren Erkenntnis die theoretische Vernunft voranschreitet; ist Freiheit von der Natur als dem »ruhigen Reich der Gesetze« (Hegel). Der Mensch ist in der Tradition Bürger zweier Welten, Bewußtsein der Natur; ihn kennzeichnet die ›ontologische Differenz‹: Er ist Naturwesen und geschichtliches Wesen zugleich.

Das Fazit der Ausführungen zum Freiheitsbegriff bei Adorno revoziert die überkommenen Bestimmungen, tilgt die ontologische Differenz, fordert einen Freiheitsbegriff heraus, der sein Pathos aus dem Durchbrechen der Naturkausalität – oder schwächer: deren Modifikation und Ergänzung – bezog. Wenn Adornos schockierende Schlußbemerkung einen Traditionsbezug besitzt, dann zum antiken Kynismus: »Dem Einzelnen indessen bleibt an Moralischem nicht mehr übrig, als wofür die Kantische Moraltheorie […] nur Verachtung hat: versuchen, so zu leben, daß man glauben darf, ein gutes Tier gewesen zu sein.« (6/294)

Daß sich insbesondere dieses Fazit dem vom ›geständigen Autor‹ erwarteten »Widerstand« von »hüben und drüben« (6/11) aussetzt, ist klar. Konservativer Seite muß die Formulierung als ›Preisgabe der Anständigkeit‹, als Aufforderung zu moralischer Indolenz, Beförderung des sogenannten Werteverlusts erscheinen, dogmatischer Kritik von links hingegen als ein

Bulletin aus dem ›Grand Hotel Abgrund‹, als ein Dokument entnervter Dekadenz. Der Satz legt es darauf an, als eine resignierte Verdoppelung des Bestehenden, dem im Strafvollzug, im Produktionsprozeß an ›guten Tieren‹ durchaus gelegen ist, mißdeutet zu werden: In einer Welt, in der durch entfremdete Arbeit oder durch Internierung der Menschen ihre Entwürdigung zu Tieren immerhin droht, stellt die Bemerkung als in Zynismus umgeschlagene Resignation sich dar. Daß in der Rezeption Adornos der Wertezersetzungs-, der Dekadenz-, schließlich der Zynismusvorwurf stets und gerade in der gegenwärtigen Diskussion noch wirksam sind, ist bekannt. Dem Ressentiment ist indes nicht nur durch den Hinweis zu begegnen, daß die *Negative Dialektik* Freiheit auch als Kritik des Bestehenden kennt, zumal als das Recht zur Verweigerung, in dem sich Würde dokumentiere. Gegen die Sartresche »Regression aufs achtzehnte Jahrhundert« gewendet, heißt es: »Frei wäre erst, wer keinen Alternativen sich beugen müßte, und im Bestehenden ist es eine Spur von Freiheit, ihnen sich zu verweigern. Freiheit meint Kritik und Veränderung der Situationen, nicht deren Bestätigung durch Entscheidung inmitten ihres Zwangsgefüges.« (6/225 f., Fußn.)

Daß Freiheit bei Adorno auch als bestimmte Negation, gemäß der konkreten Gestalt von Unfreiheit, gefaßt ist, kann, mit Kant zu reden, geschenkt und vorausgesetzt werden. Die nicht primär politische, sondern genuin philosophische Frage, der die *Negative Dialektik* sich aussetzt, ist vielmehr die, wie Freiheit phänomenologisch ausgewiesen werden kann, sobald die These von der intelligiblen Freiheit der Individuen dem Ideologieverdacht verfallen, der Glaube daran, daß der Prozeß allen Rückschlägen zum Trotz zur Verwirklichung der Vernunft drängt, zergangen ist. Freiheit wird zur »vagen Erfahrung« (6/226) an dem, was Adorno das ›Hinzutretende‹ nennt. Die mit dieser Bestimmung bezeichnete Konzeption soll hier in den Blick genommen werden: Mit der Entfaltung des Begriffs des ›Hinzutretenden‹ – so die These – gibt Adorno so etwas wie *seine* Philosophie vom Ursprung der ›Idee der Freiheit‹.

Das Problem, wie dem empirischen Subjekt seine intelligible Freiheit zur Erfahrung werden könne, hatte Kant durch den Begriff der *Achtung* zu lösen versucht. Das Paradox bestand darin, daß die Moralität das Handeln bestimmen und insofern ins empirische Dasein Eingang finden sollte; auf der anderen Seite aber durfte die Triebfeder der sittlichen Gesinnung kein Gefühl, mußte von aller sinnlichen Bedingung unabhängig sein. ›Achtung‹ für das vorgestellte Gesetz ist die Bestimmung des empirischen

Menschen zur Moralität, »und diese Empfindung kann daher, ihres Ursprunges [in der reinen praktischen Vernunft] wegen, nicht pathologisch, sondern muß *praktisch-gewirkt* heißen«[3]. Die Kantische Konzeption, das ist so deutlich wie möglich zu betonen, ist ohne die Ansetzung eines ausgezeichneten Gefühls, das doch kein Gefühl sein darf, nicht zu haben. ›Achtung‹ ist das unverzichtbare Scharnier zwischen Intelligenz und Sinnenwesen, die einzige Verbindung zwischen den strikt getrennten Welten des Intelligiblen und des Empirischen. Die auf den ersten Blick erstaunliche Nähe zwischen Kant und Adorno besteht darin, daß letzterer die Konzeption einer bestimmten *sensuellen* Erfahrung von Freiheit in einer Zeit übernimmt, da die idealistische Vorstellung von der ›Persönlichkeit‹, in der sich ein »von der Tierheit und selbst von der ganzen Sinnenwelt unabhängiges Leben offenbar[en]«[4] sollte, hinfällig geworden ist. Indem bei Adorno das ›Hinzutretende‹ die ›Achtung‹ ersetzt, unternimmt er den Versuch einer Rettung Kantischen Denkens im nachidealistischen Zeitalter: Das ›gute Tier‹ ist der legitime Erbe der idealistischen ›Persönlichkeit‹.

Vor diesem Hintergrund verlieren Adornos Beschreibungen des ›Hinzutretenden‹, die zunächst als eine Reihe von Beispielen für die Unfreiheit des Subjekts von der Natur erscheinen müssen, ihr Verwirrendes: »Die Entscheidungen des Subjekts schnurren nicht an der Kausalkette ab, ein Ruck erfolgt.« (6/226) Dem ›Hinzutretenden‹, dem ›Ruck‹ eignet ein »irrationaler Aspekt«; es ist »Impuls«, »Rudiment« (6/227), »intramental und somatisch in eins« (6/228), »motorische Reaktionsform«, das ›Zucken der Hand‹, ist »unbewußt und unwillkürlich«, »der Herzschlag der res cogitans jenseits von dieser« (6/229). Die Umschreibungen sind sämtlich dem Einwand ausgesetzt, willkürlich gewählt zu sein, unvermögend aufzuzeigen, was sie aufzeigen sollen: Daß innerhalb einer ›abschnurrenden‹ Kausalkette ein ›Ruck‹ erfolgt, kann auch bloß den wie immer zufälligen und transitorischen Einsatz einer weiteren bedeuten. Was, so muß gefragt werden, ist unfreier als ein Impuls, die »motorische Reaktionsform«, das Zucken einer Hand. Stellte die Frage ein Kantianer, so wäre er darauf zu verweisen, daß eben diese Einwände bereits gegen die Kantische ›Achtung‹ erhoben werden müssen; daß die trockene Versicherung, ›Achtung‹ sei ›nicht pathologisch‹, insbesondere ohne Reflexion auf die Genese und die gesellschaftliche Determination unterschiedlicher Affekte, gar nichts beweisen kann. Um genau die Reflexion auf die Genese der Vernunft und der Affekte ergänzt Adorno die Debatte um die Freiheitsproblematik. Und deshalb sind seine Ausführungen kein ›Rückfall‹ hinter die Konzeption Kants, sondern ein theoretischer Fortschritt dieser gegenüber.

Der theoretische Fortschritt gegenüber Kant besteht im Ansatz einfach darin, daß Philosophie hier – im Unterschied etwa auch zu Heideggers unablässigen Abgrenzungsbemühungen[5] – nicht mehr die Augen vor den Einsichten der Anthropologie und der Psychoanalyse verschließt. Fest steht für Adorno – eine zu diskutierende These –, daß Vernunft »genetisch aus der Triebenergie als deren Differenzierung sich entwickelt« (6/229) habe. Anders als bei der zweideutigen Philosophie Heideggers oder der reaktionären Anthropologie Gehlens, in denen die Erkenntnis nachidealistischer Wissenschaft die Wiedergeburt des Archaischen und repressive Sozialtheorien lanciert, ist bei Adorno die Erinnerung an den unvernünftigen Ursprung der Vernunft nicht gleichbedeutend mit deren Denunzierung, sondern umgekehrt Konstituens für das »Phantasma« der Vernunft: »Versöhnung von Geist und Natur« (6/228).

Keine der Bestimmungen, die dazu in der *Negativen Dialektik* gegeben werden, gestattet es, die Konzeption auf ein, wie Michael Theunissen vereinfachend es nannte, »Ethos der Naturfrömmigkeit« zu reduzieren[6]. Es ist verwunderlich, daß der Gedanke zum verbreiteten Klischee werden konnte, Adorno strebe à la Rousseau zurück zu einer unverstümmelten, nicht zugerichteten Natur, wie sie angeblich war, bevor der schaltende und waltende Mensch über sie herfiel. Die Dialektik wird nicht abgebrochen, es gibt der Geist den Geist nicht auf. Das ›Hinzutretende‹ »blitzt« vielmehr auf *zwischen* »den Polen eines längst Gewesenen, fast unkenntlich Gewordenen und dessen, was einmal sein könnte« (6/228). Abstrakt formuliert: der Vorwurf der ›Naturfrömmigkeit‹ übersieht, daß Adorno das ›Zwischen‹ denkt, den Punkt der Regression und der Utopie des Geistes, *ohne* einen der beiden Pole preiszugeben. Einerseits sei die Idee von Freiheit nicht zu fassen, »ohne Anamnesis an den ungebändigten, vor-ichlichen Impuls, der später in die Zone unfreier Naturhörigkeit verbannt ist« (6/221); andererseits aber ist Freiheit notwendig mit Bewußtsein verknüpft: »nur soweit weiß das Subjekt sich frei, wie ihm seine Handlung als identisch mit ihm erscheint, und das ist lediglich bei bewußten der Fall. In ihnen allein erhebt Subjektivität mühsam, ephemer das Haupt.« (6/226) Zur dialektischen Idee der Freiheit gehört beides, Identität und Nichtidentität, ihre Verwirklichung (actualitas) bedarf »des vollen theoretischen Bewußtseins« (6/228) *und* des »jäh Herausspringende[n]« (6/229), des ›Rucks‹ gleichermaßen. Adornos Philosophie der Freiheit wendet sich als das Denken des ›Zwischen‹ gegen – verstümmelte wie unverstümmelte – Natur und absolut sich setzendes Bewußtsein *zugleich.*

Es ist einsichtig, daß im Zeitalter technischer Naturbeherrschung, des Übergangs zur verwalteten Welt die gleichsam taktische Notwendigkeit besteht, an den »ungebändigten, vor-ichlichen Impuls«, der die Idee von Freiheit allererst zu fassen gestatte, zu erinnern, ihn herauszuheben und seine konstitutive Relevanz zu betonen: »Daß ohne Wille kein Bewußtsein ist, verschwimmt den Idealisten in blanker Identität: als wäre Wille nichts anderes als Bewußtsein.« (6/229) Diese Kritik des Idealismus bedeutet indes nicht die vollständige Preisgabe von dessen Intentionen: der ›Impuls‹ ermöglicht, die ›Idee von Freiheit‹ zu fassen; das heißt aber nicht, der ›Impuls‹ sei bereits die Freiheit, ein sit-in mit den Händen Zuckender die befreite Gesellschaft. Ein Lob der vita contemplativa – das ist eine der Verbindungslinien nicht nur zu Marx, sondern auch zu Nietzsche – wird man in der *Negativen Dialektik* vergebens suchen: »Kontemplatives Verhalten, das subjektive Korrelat der Logik, ist das Verhalten, das nichts will.« (6/229)

»Ob Autonomie sei oder nicht, hängt ab von ihrem Widersacher und Widerspruch, dem Objekt, das dem Subjekt Autonomie gewährt oder verweigert; losgelöst davon ist Autonomie fiktiv.« (6/222) Das ist nicht nur ein gut Hegelscher Bescheid auf die abstrakte Frage nach dem ›Wesen‹ der Autonomie, sondern zudem eine Auskunft über den Ursprung der Freiheit, wie Adorno ihn denkt: ein Subjekt, stark, ›autonom‹ genug, um Handlungen bewußt, mit sich selbst identisch zu vollziehen, doch sensitiv genug, seiner Verflochtenheit mit Natur gewahr zu bleiben; in der Terminologie der zweiten Topik geredet: das um einen Hauch der Rindenschicht des Es entwachsene Ich.

Die Dialektik zwischen Subjekt und Objekt kann nicht geschlichtet, die Arbeit nicht abgeschlossen werden. Weder führt für Adorno ein Weg zurück zur bewußtlosen Natur, in der es keine Freiheit gibt, noch gibt es einen Zugang zur für sich seienden intelligiblen Sphäre. Das menschliche Subjekt ist bei Adorno in der Tat das Bewußtsein der Natur mit aller Prägnanz einer dialektischen Bestimmung: mehr als diese und doch ihr zugehörig; stets beides zugleich: Identität des Identischen und des Nichtidentischen.

Der Blick auf Adornos Konzeption der Freiheit als des nicht zu schlichtenden Widerstreites zwischen dem Bewußten und dem Bewußtlosen – der Funke der Freiheit wird *in* dieser Arbeit und nur dort geschlagen – vermag zu verdeutlichen, warum diesem Denken zunehmend die Ästhetik zum Hauptarbeitsfeld wird. Die Ästhetik weist den Weg heraus aus den Aporien, in denen die traditionelle Bewußtseinsphilosophie, insbesondere in ihrer wie immer sublimen Konzeption des ›Willens‹, sich verfing, und ermöglicht zudem, das ›Zwischen‹, das ›Hinzutretende‹ an konkreten Gebilden zu entfalten. Der entscheidende Passus im Zusammenhang der Erörterung des ›Hinzutretenden‹ lautet: »Im tiefsten Konzept der transzendentalen Erkenntnistheorie, der produktiven Einbildungskraft, wandert die Spur des Willens in die reine intellektive Funktion ein.« (6/229)

Im Zusammenhang dieser knappen Skizze kann auf die Bandbreite der Deutungen der bei Kant letztlich ortlosen Einbildungskraft lediglich hingewiesen werden. Das Spektrum der Deutungen reicht von derjenigen Hegels, der die Einbildungskraft als die Vernunft, »erscheinend in der Sphäre des empirischen Bewußtseins« bestimmte[7], bis zu derjenigen Heideggers, der die Einbildungskraft als die »ursprüngliche Zeit« interpretierte[8]. Der philosophiegeschichtlich zentrale ›Kampf um die Einbildungskraft‹, der stets auch derjenige um die Rehabilitierung des ›Anderen der Vernunft‹ gewesen ist[9], kann hier nicht im einzelnen dargestellt werden. Wichtig ist nur, darauf aufmerksam zu machen, daß Adorno den Begriff des ›Hinzutretenden‹ in diesen Zusammenhang einträgt. Aus dem Kontext, in welchem die Einbildungskraft bei Adorno erscheint, geht implizite hervor, daß er auf die Deutung abhebt, die transzendentale Einbildungskraft, eben als das ›tiefste Konzept‹ des Kantischen Denkens, sei nicht allein die von Kant selbst nur widerstrebend einbekannte *strukturale Mitte* der Erkenntnisapparatur, sondern vielleicht sogar – wie Kant an einer Stelle seiner *Anthropologie* andeutet – die »Wurzel«, die den »gemeinschaftlichen Stamm« bezeichne, aus dem Sinnlichkeit und Verstand »entsprossen sein könne«[10]. Kants Reaktion auf diese Möglichkeit – Heidegger hat das bekanntlich zum Ausgangspunkt seiner Destruktion des Kantischen Denkens gemacht – ist heftige Abwehr: »In welchem Dunkel verliert sich die menschliche Vernunft, wenn sie hier den Abstamm zu ergründen, ja auch nur zu erraten, es unternehmen will?«[11] Anders als Heidegger, der von hier aus die Kantische Philosophie als Fundamentalontologie avant la lettre rekonstruiert, versucht Adorno, Kantische Intentionen auch gegen Kant zu retten. Die Einsicht in den unvernünftigen Ursprung der Vernunft ist nicht gleichbedeutend mit deren Denunzierung. Während Heidegger das Dasein zur Endlichkeit und Kant den Menschen zur Unendlichkeit zu befreien sucht, situiert Adorno die Idee der Freiheit am Ort der Auseinandersetzung zwischen den Polen eines längst Vergangenen und dem, ›was einmal sein könnte‹. Dieses ›Zwischen‹ aber lebt fort und ist gegenwärtig in der produktiven Einbildungskraft, denn – wie Kant in der *Kritik der Urteilskraft* schreibt – »in ästhetischer Absicht« ist »die Einbildungskraft frei, um über jene Einstimmung zum Begriffe, doch ungesucht, reichhaltigen unentwickelten Stoff für den Verstand, worauf dieser in seinem Begriffe nicht Rücksicht nahm, zu liefern«[12]. Die Arbeit des Künstlers oder, wie Kant sagte, des ›Genies‹ besteht im intramentalen Austrag des Kampfes zwischen dem Bewußtlos-Spontanen und dem Begriff. Die Einbildungskraft erinnert den Verstand an das, worauf er keine Rücksicht nahm. Das »Talent« aber, das vom Verstand Weggeschnittene im Gebilde zur Erscheinung kommen zu lassen, ist nach Kant »eigentlich dasjenige, was man Geist nennt«: »das Unnennbare in dem Gemütszustande bei einer gewissen Vorstellung auszudrücken und allgemein mitteilbar zu machen, der Ausdruck mag nun in Sprache, oder Malerei, oder Plastik bestehen«[13].

Die Interpretation von Adornos Rekurs auf die Kantische Konzeption der produktiven Einbildungskraft gestattet mithin, eine innere Verbindung zwischen Adornos Bestimmung der Idee der Freiheit und seiner *Ästhetischen Theorie* wahrzunehmen. Die im Spätwerk Adornos immer stärker in den Vordergrund drängende Reflexion auf Genese und Struktur des Kunstwerks dokumentiert nicht Resignation angesichts der Probleme, eine Moralphilosophie zu entwickeln, sondern ist diese selbst. Dem Widerstreit zwischen ›Impuls‹ und identischem Bewußtsein entspricht im Kunstwerk die Dialektik von ›Sprache‹ und ›Gefügtsein‹, der ›vagen Erfahrung‹ des ›Hinzutretenden‹ entspricht im Kunstwerk dessen ›Ausdruck‹: »Ausdruck ist der Blick der Kunstwerke. Ihre Sprache ist im Verhältnis zur signifikativen ein Älteres aber Uneingelöstes: so wie wenn die Kunstwerke, indem sie durch ihr Gefügtsein dem Subjekt sich anbilden, wiederholen, wie es entspringt, sich entringt. Ausdruck haben sie, nicht wo sie das Subjekt mitteilen, sondern wo sie von der Urgeschichte der Subjektivität, der von Beseelung erzittern.« (7/172)

---

1 Zitatnachweise, die im Text selber in Klammern gegeben werden, beziehen sich auf Adornos *Gesammelte Schriften*, Frankfurt a.M. 1970-86, und zwar bezeichnet die Ziffer vor dem Schrägstrich den Band der Ausgabe, die Ziffer dahinter die Seitenzahl des betreffenden Bandes. – 2 Vgl. hierzu zum Beispiel Odo Marquard, Hegel und das Sollen, in: Schwierigkeiten

mit der Geschichtsphilosophie, Frankfurt a.M. 1993, S. 37 ff. – **3** Kant, Kritik der praktischen Vernunft, A 133; Hervorhebung von Kant. – **4** Ebd., A 289. – **5** Vgl. hierzu Pierre Bourdieu, Die politische Ontologie Martin Heideggers, Frankfurt a.M. 1975. – **6** Michael Theunissen, Kritische Theorie der Gesellschaft, Berlin, New York 1981, S. 18. – **7** G. W. F. Hegel, Werke in 20 Bänden. Red.: Eva Moldenhauer und Karl Markus Michel, Frankfurt a.M. 1969, Bd. 2: Jenaer Schriften, S. 308. – **8** Vgl. bes. Martin Heidegger, Kant und das Problem der Metaphysik, Frankfurt a.M. 1991, S. 171 ff. – **9** Vgl. etwa Hartmut Böhme und Gernot Böhme, Das Andere der Vernunft. Zur Entwicklung von Rationalitätsstrukturen am Beispiel Kants, Frankfurt a.M. 1983. – **10** Kant, Anthropologie in pragmatischer Hinsicht, B 84 f. – **11** Ebd., B 85. – **12** Kant, Kritik der Urteilskraft, B 198. – **13** Ebd.

Matthias Schmidt

»To be one's age«
Ein Nachtrag zum Briefwechsel zwischen Theodor W. Adorno und Ernst Krenek

Vor bereits über 20 Jahren erschien der Briefwechsel zwischen Theodor W. Adorno und dem Komponisten und Schriftsteller Ernst Krenek[1], welcher zu den bedeutendsten Quellen der Musikgeschichte insbesondere der dreißiger Jahre unseres Jahrhunderts zählt. Das Auffinden neun weiterer, bisher unpublizierter Briefe gibt allen Anlaß, die Edition von 1974 in Form eines Nachtrages zu ergänzen.

I. Einleitung

Gegen Ende der dreißiger Jahre gab es wohl kaum zwei Musikdenker, die genauer um die Möglichkeiten und Gefahren der Zwölftontechnik (in ihrer Anwendung als freies Ausdrucksmedium wie als Instrument eines rigiden Konstruktivismus) wußten als Theodor W. Adorno und Ernst Krenek. Dies dokumentiert nicht nur der Briefaustausch beider: Adorno faßte seine Kritik der Dodekaphonie, deren Existenz er allerdings durch die ›Bewegungsgesetze des Materials‹ ästhetisch rechtfertigte, in der *Philosophie der neuen Musik* zusammen; Krenek formulierte seine musikalischen Gedanken zur Zwölftontechnik etwas früher in den Vorträgen *Über neue Musik*[2] und vor allem in Kompositionen, die bereits Ende der dreißiger Jahre nach Alternativen zum drohenden musikalischen Sprachzerfall einer ausdrucksfeindlichen Totalorganisation des Materials suchten, wie sie erst die serielle Musik der frühen fünfziger Jahre realisierte.[3]

Wurde der Einfluß der *Philosophie der neuen Musik* auf die Entstehung des Serialismus nach 1950 zumindest durch die Tatsache evident, daß sie wesentliche Züge ihrer ästhetischen Kontur beschreibend vorwegnahm, so konnte die exilbedingt verminderte Rezeption von Kreneks Werken und deren in der Skepsis gegenüber jeglicher Fortschrittsideologie sich manifestierende Sperrigkeit und Abruptheit der Stilwechsel nur Unverständnis bei der Nachkriegsavantgarde hervorrufen, das ihm in den fünfziger Jahren gar – in eigentümlicher Verkehrung – das Verdikt eines »stehengebliebenen Nachläufers«[4] eintrug.

Das Schreiben Kreneks vom Februar 1935 (Brief Nr. 1) findet nicht nur aus rein philologischen Erwägungen Eingang in den Nachtrag; es vermag das neuerlich gewachsene Interesse am Komponisten Adorno[5] auf eindrucksvolle Weise für die Ernsthaftigkeit seiner kompositorischen Ambitionen zu sensibilisieren, die er immer für das »Zentrum« seiner Tätigkeit gehalten hat.[6] Krenek hatte damals für die geplante Aufführung zweier der *Vier Lieder* op. 3 in Wien eine handschriftliche Kopie Adornos erhalten und stellte Detailfragen zum Notentext, die dieser unmittelbar auf dem Briefpapier Kreneks beantwortete und zurücksandte. Die gewissenhafte Akribie der Aufführungsvorbereitung ist dem rhythmisch hochdifferenzierten und weithin polyphonisierten Klaviersatz der Lieder durchaus angemessen und wirft (rückwirkend auf das Entstehungsjahr 1928) bereits ein Licht auf die sich bis zum Zeitpunkt der Brieferstellung verstärkende aporetische Doppelstellung in Adornos musikalischem Denken – zwischen einer kompositorischen Suche nach freiem Ausdruck gegenüber dem als einengend empfundenen Konstruktivismus der Dodekaphonie und der zur gleichen Zeit theoretisch artikulierten Apologie streng rationalisierter Zwölftontechnik als geschichtlicher Notwendigkeit im Sinne der in der *Philosophie der neuen Musik* explizierten ›Tendenz des Materials‹.

Was dem Philosophen dabei Ernst Krenek als Diskussionspartner und Gegenstand seiner Untersuchungen empfahl, war nicht nur der in Brief Nr. 2 nachdrücklich dokumentierte »fruchtbarste« Austausch beider zu musiktheoretischen und -ästhetischen Fragen[7], sondern eben jene – hier jedoch *innerhalb* des musikalischen Werks ausgetragene – Polarität, welche Adorno bereits früh und in immer deutlicherer Ausprägung in Kreneks Œuvre erkennen konnte: Brief Nr. 3 reflektiert Adornos ersten Höreindruck der *Drei Fragmente aus Karl V.*, Bruchstücken aus dem musikalischen Bühnenwerk Kreneks von 1933, das seine dramaturgische und geschichtsphilosophische Konzeption Anregungen aus Walter Benjamins *Trauerspiel*-Buch verdankt und in diesem Kontext wie als erstes Zwölftonwerk Kreneks immer wieder im Mittelpunkt ausführlicher Diskussionen der Briefpartner stand, wie etwa auch der Hinweis auf eine »geschichtsphilosophische Arbeit« des Komponisten (Brief Nr. 2) andeutet.[8]

Adornos Beiträge verraten dabei das Bemühen, einerseits etwa die (auch in Brief Nr. 3 bewunderte) strikt konstruierte, integrale Instrumentation des Werkes, andererseits die kaum systematisierbare und in Kreneks Werken stets präsente, gleichsam improvisatorische Gestik und inkalkulable Vitalität des »rätselhaftesten aller Komponisten [...] auf die Formel [zu] bringen«[9]. Es verwundert kaum, daß es Adorno ebenso reizte wie schwerfiel, eine geschichtliche Kontinuität in Kreneks von Anbeginn auch stilistisch so heterogenem Schaffen (und hierauf zielt etwa die Erwähnung der zwei Jahre vor *Karl V.* entstandenen *Gesänge des späten Jahres*) zu erweisen: das aporetische Problem seiner diesbezüglichen Versuche war es jedoch, daß jene »Artikulation aus den Extremen«[10], welche auch die *Philosophie der neuen Musik* als Adornos methodisches Fundament einer gesellschaftstheoretisch orientierten Dialektik der Musik prägte, sich in Kreneks musikalischem Geschichtsbewußtsein kompositorisch selbst spiegelte. Dadurch konnte sich dessen radikale Konfrontation von Integralität und Improvisatorik in bewußter ›Ungleichzeitigkeit‹ von der Linearität des historischen Denkens Adornos lösen und sich zudem in distanziert »geistiger Unabhängigkeit vom Material«[11] vor dem Hintergrund diskontinuierlich begriffener Geschichtserfahrung der Möglichkeit eines musikalischen Sprechens versichern, welches die Idee einer ›Tendenz des Materials‹ durch ihre eigenen Mittel (im Wortsinne) liquidierte.

In diesem Kontext ist wohl auch die von Adorno – bei aller Übereinstimmung – angesprochene »Differenz im positiven Gegenbild« einer »Kollektivismus«-Kritik beider in den drei unmittelbar aufeinanderfolgenden Sendungen des Sommers 1937 (Briefe Nr. 4 bis 7) zu verstehen, welche sich hauptsächlich auf einen für die *Zeitschrift für Sozialforschung* projektierten *Radio*-Aufsatz Kreneks beziehen[12]: Neben dessen – wohl regulativ zur *Jazz*-Arbeit motivierten – Anliegen an Benjamins *Technik*-Studie steht Adornos vehemente Kritik daran und sein überzeugter Wunsch nach einer »Generallinie« der Zeitschriftenbeiträge, neben Adornos Interesse an seinem neuestem Streichquartett findet sich aber auch Kreneks Bitte um eine konstruktive Kritik des Philosophen zu *Über neue Musik*.

Über 15 Jahre trennt diese von der Gruppe dreier Briefe, die als letzte nachzutragen sind: Die bisherige Briefedition mochte nahelegen, daß der Kontakt zwischen Krenek und Adorno zumindest von 1949 bis 1963 nahezu vollständig unterbrochen gewesen sei; tatsächlich begegneten sich beide aber nicht nur zwischen 1950 und 1958 fünfmal als Dozenten der Kranichsteiner Ferienkurse, sondern gestalteten (wie es die Briefe Nr. 7 bis 9 dokumentieren) 1953 ein von Adorno angeregtes Colloquy unter dem Titel »The Experience of Modern Music«; Adorno arbeitete – zu dieser Zeit kurzfristig als Research Director an der Klinik des Psychoanalytikers Friedrich Hacker in Beverly Hills tätig – ein in erster Linie popularwissenschaftlich orientiertes Gesprächskonzept aus und regte die Einladung ortsansässiger Komponisten und Lehrer an (vgl. Brief Nr. 7), die zum Umkreis Arnold Schönbergs gehört hatten.

Ein Jahr, bevor Adorno im Rahmen seiner berühmten Kontroverse mit Heinz-Klaus Metzger[13] einerseits vor den ›infantilen‹ Tendenzen eines sich durch widersinnige Naturgesetzansprüche legitimierenden »integralen Rationalismus« warnte, deren er die radikale serialistische Avantgarde bezichtigte, verurteilt er hier in der »Summary« des Symposiums andererseits (und mit demselben rigorosen Vokabular) einen Infantilismus regressiven Hörens, der mit Hilfe der Erfahrung neuer Musik gesellschaftlich konterkariert werden könne[14]; diese beiden, in ihrer extremen Gegensätzlichkeit zusammenfallenden Positionen schließen verkürzt an Aspekte der *Philosophie der neuen Musik* an, die in der gleichzeitigen Ablehnung und Apologie der präseriellen Dodekaphonie (bzw. später des Serialismus), also des Systemzwangs fortschreitender Rationalisierung und deren geschichtlicher Notwendigkeit als ästhetischer Rechtfertigung in offener Dialektik oszillieren; es zeigt sich, warum der Komponist Adorno zu dieser Zeit längst verstummt war: seine theoretischen Aporien hatten dem Praktiker die Legitimation verweigert. »One should musically ›be one's age‹«, formuliert Adorno als Maxime für den Musikinteressierten – diesem Grundsatz konnte Ernst Krenek nur ohne jeglichen geschichtsphilosophischen Normativitätszwang zustimmen. Man könnte vermuten, daß er – wie bereits bei einem Gespräch beider um 1930 zu soziologischen Fragestellungen[15] – auch in jenem von 1953 darauf hingewiesen haben mag, daß ›to be one's age‹ für ihn bedeutete, die zeitliche Hierarchisierung des Materials – in radikalstem Geschichtsbewußtsein – als wandelbares Axiom musikalischen Denkens zu relativieren und so problemlos gegen die vermeintliche Richtlinienkompetenz der jeweiligen Avantgarden stehen und in der Multilinearität seiner Geschichtsauffassung dennoch ›neue Musik‹ verfertigen zu können beanspruchte.

1961, als Adorno sein visionäres Manifest einer an Konzeptionen freier Atonalität orientierten »musique informelle« formulierte (deren Realisierung er aber explizit nur der jüngsten Musikergeneration zugestehen wollte), konnte Krenek diesem gegenüber auf seine – bereits erwähnten – diesbezüglichen Versuche um 1938 verweisen und relativierte damit nachhaltig die Frage nach dem geschichtlichen Sinn des »Alterns und Veraltens«[16] von Musik überhaupt. In solchem plötzlichen Konfigurieren von scheinbar unvermittelbar disparaten historischen Spurlinien liegt das Bemerkenswerte dieses Briefwechsels, der das Modell einer dialogisch-kritischen Betrachtung der Adornoschen Musikphilosophie ist, ohne daß diese selbst erst eines zeitlichen »Alterns« bedurft hätte.[17] Wie Adornos Hören von Kreneks Musik, als ein »gegen den Strich Komponieren mit den Ohren mitvollziehen«[18], ließen sich dessen musikalische Gedanken mit Hilfe Kreneks gewinnbringend gegen den Strich lesen: Die letzten Briefe aus den sechziger Jahren, welche die von den Zeitläuften kaum beeinträchtigte Nähe des Verständnisses füreinander spiegeln, legen auf ganz unaufdringliche Weise nahe, wie sich die ›gealterte‹ neue Musik und deren Philosophie etwa im Sinne von Albrecht Wellmers »Aufhebung der *einen* Vernunft in einem Zusammenhang pluraler Rationalitäten«[19] ihrer produktiv kritischen Substanzen bewußt werden könnten; und dies scheint keine ungewichtige Erfahrung zu sein, die der Briefwechsel zum Verständnis auch heutiger musikhistorischer Konstellationen beitragen kann.

II. Briefe

1.

(Der folgende Brief stellt die Übertragung des in der Edition von 1974 (S. 66-67) als Faksimile abgedruckten Schreibens von Krenek an Adorno vom 7.3.1935 dar; dessen Randbemerkungen zu den Stücken, die in Einzelfragen nicht unerheblich von der Edition der Kompositionen (1980) abweichen, sind in Kursivschrift wiedergegeben.[20])

Lieber Herr Wiesengrund,

darf ich Sie bitten, noch folgende Fragen freundlich zu klären:
1) S. 1, 3. System, 1. Takt, 5. Sechzehntel, r. H.: ist das f richtig? (eigentlich ist es ganz klar da, aber es schleicht sich so in den gehaltenen Zweiklang ein, daß ich doch nicht ganz sicher bin) *Nein. Das f ist ein Kopierfehler, es gibt nur d und ais. Der Akkord c-fis-h in der l. H. ist nicht wiederholt sondern übergebunden.*

2) S. 2, 1. System, 2. Takt, l. H.: ♩ ‘(jedenfalls). *Natürlich ♩:*

3) S. 3, 2. System, 2. Takt, 2. Viertel, r. H.: ♩ Viertel? Sollen die beiden Töne über die Sechzehntelpause bis in den Akkord hinein gehalten werden? *Sie haben ganz recht. Es muß heißen:* usw.

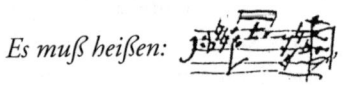

4) S. 12, 1. System, 2. Takt, habe ich diesen Takt richtig entziffert wie folgt:

Ja. Völlig richtig.

5) im darauf folgenden Takt ist mir der Zusammenhang nicht ganz klar. Ich würde ihn so deuten: *(also b anstatt d, ⅛ nachschlagend und nicht Hauptstimme, H̅ ist das es)*

b! *(d ist falsch)*

Stimmt das so? *Die Stelle ist ebenfalls durch einen Kopierfehler entstellt. Sie ist so gedacht:*

6) Wie sind im letzten Takt auf S. 13 die Bogen, besonders bei dem der l. H. aufzufassen? Gehört diese Figur noch – als letztes Auszittern – zu dem vorhergehenden Diminuendo, oder ist sie schon Auftakt gewissermaßen zum Folgenden? *Gehört als Ausklingen zum Vorhergehenden; nicht auftaktig; der ›Barkarolen‹-Teil muß frisch, quasi strophisch einsetzen; die 𝆑𝆑 sind nur ein quasi a tempo, d. h. die Fermate gilt ohne Rücksicht auf diese für den ganzen Takt.*

NB im folgenden Takt der erste Akkord der r. H., im 𝄞 ist 8˙˙˙ höher:

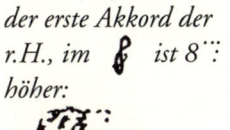

(c, g, cis)

7) S. 14, 1. System: Text: »schwärzliche«? *(Ja, natürlich. Der Kopist war verrückt)*

»Renal«? Nahe liegt, à propos Venedig, daß es sich um einen Kanal handelt. Sollte Renal richtig sein, müßte ich bescheidenerweise gestehen, daß ich nicht weiß, was das ist. *Natürlich Kanal!!!*

2./3. System: Text: sind die Anführungszeichen von »dein kränkliches…« bis »…Schlaf« richtig? *Die Anführungszeichen sind falsch, aber ein sehr interessanter Kopierfehler. Wirkt nicht in der Tat der letzte Satz wie ein Zitat aus einem unbekannten Text?*

123

Überhaupt wäre ich sehr dankbar, wenn Sie so freundlich wären, die Texte der beiden Lieder, vor allem auch in Bezug auf Interpunktionen, genau zu kontrollieren, wo bestimmt Ungenauigkeiten sind, damit ich ein (relativ) fehlerloses Programm herstellen lassen kann. Das 1. Gedicht (Däubler) scheint (auf den ersten Blick) ein Sonett zu sein, die Verseinteilung des Traklschen Gedichtes ist mir nicht ebenso klar.

Ich befasse mich mit Ihren Liedern mit großer Freude.
        Die schönsten Grüße von
              Ihrem
                    Ernst Krenek

Wien, 7. 3. 35.

Auf S. 12, 3. System, bleibt in der l. H. <u>fis</u> und <u>as</u>? ?? *Ja.*

(Das Arpeggio setzt ppp ein und steigert sich in Wellen d. h. immer wieder diminuiert, erst das letzte führt ins volle FF)

Man ist etwas beirrt, weil die b vor h und d eigens noch einmal stehen!
Es bleiben bis zum letzten ♪ l. H. <u>einschließlich</u> immer diese Stammnoten, es treten nur neue hinzu, etwa (bei harmonisch völlig anderen Verhältnissen) wie bei den Arpeggien im langsamen Satz des A-Dur-Klavierquartetts von Brahms. – Natürlich müßte in einer korrekten Kopie vor <u>jeder</u> Note außer <u>unmittelbar</u> wiederholten ihr Versetzungszeichen stehen. Aber kein Kopist ist dazu zu bringen.
Ist in diesem Takt der Rhythmus der Singstimme klar?

    usw.   (das erste ♪ , auf 3, ist <u>punktiert</u>, dann ein ♪ , dann ein ♪, dann:

2.

[Poststempel Königstein, 23.4.35]

Ostermontag 1935.
Lieber Herr Krenek, ich danke Ihnen aufs herzlichste für Ihre zwei Briefe und bitte Sie recht sehr mein Schweigen zu entschuldigen, es fehlte an innerer und äußerer Konzentrationsmöglichkeit, ich antworte Ihnen raschestens ausführlich auf die Briefe und die geschichtsphilosophische Arbeit. Lassen Sie mich Ihnen heute nur danken für die unverdient schönen Worte über mein Geschreibsel und Ihnen sagen, daß die Angelegenheit der 23 für mich mit dem Augenblick in Ordnung ist, in dem ich meine Dinge in Ihrer Hand weiß, während einzig die Reichs nicht mein Leben ist, da er abermals eine erhebliche Ungeschicklichkeit beging.[21] Ich hoffe, Sie hatten schöne Feiertage. Ich fahre morgen nach London, Sonntag Oxford. Mit den herzlichsten Grüßen
Ihr treu ergebener T. Wiesengrund

3.

19. Februar 1937   Merton College, Oxford

Lieber Freund,
soeben hörte ich die Übertragung der 3 Bruchstücke aus Carlos V[22] – zum ersten Mal den Orchesterklang, der mich sehr beeindruckte und völlig überzeugte. Überhaupt erstaunlich wie alles im realen Klang zusammenschießt. Besonders hat mich die Arie der Eleonore beeindruckt, die gewisse Intentionen der Gesänge des späten Jahres[23] im gemäßen – das ist: symphonisch szenischen – Rahmen durchsetzt. Ich schreibe Ihnen dieser Tage ausführlich; heut nur Dank für die sehr bewegende Erfahrung und alles Herzliche von Ihrem

Teddie Wiesengrund

Many congratulations on a very fine work! I was very glad to be able to hear it here with Dr. Wiesengrund-Adorno, I hope to come to Vienna myself in September.

Humphrey Searle[24]

4.

Herrn Ernst Krenek
Hotel Kuraten
<u>Vent</u> (Autriche)

Paris, den 28. Juli 1937

Lieber Freund,
Wenn ich nach so langem Schweigen, und mit dem schlechten Gewissen, das aus solchem Schweigen kommt, den Kontakt wieder aufnehme, so scheint es mir am besten, wenn ich diesen Kontakt zunächst an den soliden Pol eines konkreten Vorschlags knüpfe.
Es hat sich vor längerer Zeit schon der Plan ergeben, im Anschluß an den Benjaminschen Aufsatz über das Kunstwerk im Zeitalter seiner technischen Reproduktion und meine unterdessen beträchtlich ergänzte Jazz-Arbeit[25] eine Sammelpublikation unseres Instituts unter dem Namen »Massenkunst im Monopolkapitalismus« zu Stande zu bringen, die außer jenen Arbeiten Beiträge über Film, Radio, neue Sachlichkeit in der Architektur, die Sphäre des Kunstgewerbes, die illustrierten Zeitungen, den Detektivroman und evtl. die ökonomischen Grundlagen der gegenwärtigen Massenkunst enthalten soll.[26] Wenn der Plan gelänge, würde er in der Tat bedeuten, daß man die ganze Zerstreuungskunst, die ja heute die einzige ist, die im Dasein der Majorität eine reale Rolle spielt, kritisch aufrollte. <u>Ob</u> er gelingt, ist durchaus noch fraglich; für die meisten der bezeichneten Gebiete fehlt es an wirklich qualifizierten Experten. Der erste Schritt, den ich in Richtung auf die Durchführung des Planes unternehme, ist es nun, Sie zu fragen, ob Sie Lust hätten, den Aufsatz über Radio zu übernehmen.[27]
Über den Plan müßten wir uns verständigen; die Haltung wäre wohl etwa durch die Jazz-Arbeit umschrieben und die Frage, die ich Sie zu überlegen bitte, wäre die, ob es Ihnen Ihre Grundposition, vor allem eben die gesellschaftstheoretische, erlaubt, mit dieser Haltung durch Ihre eigene Arbeit sich zu identifizieren. Lassen Sie mich gleich sagen, daß ich für mein Teil glaube, daß es möglich sein wird. Einmal wird ja die Kollektivarbeit eine gewisse Weiträumigkeit schon um deswillen beanspruchen müssen, weil die beiden Ausgangsarbeiten in sehr erheblichen Punkten differieren. Eine

strikte »Generallinie«, wie wir sie in den deutschen Beiträgen der Zeitschrift einnehmen, wird sich bei einer Kollektivarbeit überhaupt schwer durchsetzen lassen, obwohl ich nicht verleugnen will, daß sie mir auch hier das Ideal dünkte, da ich nun einmal an »Plattformen« nicht glaube. Daß wir aber keine solche errichten müssen, das anzunehmen legitimiert mich vor allem der außerordentlich starke Eindruck, den ich von Ihrem Buch[28] hatte. Die ganze darin enthaltene Kritik des Kollektivismus – ich sage das heute ohne alle Einschränkung – kann ich voll akzeptieren, trotz der Differenz im positiven Gegenbild. Und es will mir scheinen, als brauchte diese gar nicht erst in Erscheinung zu treten, denn »der kritische Weg ist allein noch offen«. – Übrigens werde ich Ihr Buch in unserer Zeitschrift anzeigen; ebenso den Offenbach Kracauers, dem ich freilich, hélas!, nicht ebenso zustimmen kann wie Ihnen ...[29]
Den modus procedendi dächte ich mir so, daß Sie mich, nach Ihrer prinzipiellen Zustimmung, einiges von dem wissen lassen, was Sie zur Sache sagen möchten, daß ich Ihnen darauf antworte, vielleicht manches ergänze, und daß Sie dann einen Aufsatz ungefähr vom Umfang des »Jazz«, nicht aber mehr als 30 Druckseiten schreiben. Natürlich wird es gut sein, den Aufsatz, der als »wissenschaftlicher« gedacht ist, möglichst konkret zu dokumentieren; dazu steht Ihnen die Hilfe des Instituts, sowohl was bibliographische Angaben wie Beschaffung von Material anlangt, voll zur Verfügung. Das Institut würde sich das Recht vorbehalten, Ihre Arbeit sowohl in der Zeitschrift wie im Buch zu publizieren; entweder an beiden Orten oder nur an einem. Wegen der Honorarfrage werden wir uns gewiß leicht verständigen können; wir hatten an einen Betrag von ungefähr $ 100.– gedacht; das entspricht dem, was ich s. Zt. für die Jazz-Arbeit erhielt.
Zur Orientierung lasse ich Ihnen einige Hefte der Zeitschrift zugehen und empfehle Ihrer Aufmerksamkeit besonders die beiden großen Aufsätze von Horkheimer[30], die weitgehend den Standpunkt definieren.
Ich hoffe, daß Sie aus diesem offiziellen, diktierten, auf Zeitschriftspapier geschriebenen Brief nun nicht etwa die verhängnisvolle Folgerung ziehen, ich habe mich prinzipiell zur Scherchen-Nachfolge entschieden.[31] Sie würden mir damit bitteres Unrecht tun. Abgesehen von der schrecklichen Hast, in der ich, nun wirklich scherchenhaft, die Zeit zum Schreiben zwei leibhaftigen Philosophenkongressen[32] entreiße; abgesehen von der Anfrage, die ja keine private ist, sollen Ihnen diese Bogen vor allem sagen, daß ich, als Resultat der in jeder Hinsicht äußerst fruchtbaren Newyorker Wo-

chen, nunmehr hauptamtlich dem Institut als dessen member angehöre, für die nächsten zwei Jahre aber noch in Europa. Es ist eine Pointe, die keiner wird besser würdigen können als Sie, daß meine nächste größere Arbeit fürs Institut musiktheoretischer Art sein wird. Die einzigartige Chance meiner neuen Funktion besteht darin, daß sie in engster Kollektivität mit Horkheimer mir zugleich die Freiheit gibt, meine eigentlichsten Interessen weiter zu verfolgen. Sie können sich schwer vorstellen, wie froh ich mich fühle. Meine baldige Heirat mit Gretel Karplus hat daran auch ihren Anteil. In dem Elan, den ich von New York mitbrachte, habe ich während der letzten drei Wochen in London eine größere philosophische Arbeit (60 Druckseiten) geschrieben, von der ich mir einbilde, daß sie sehr erhebliche Tragweite hat.[33] Sehr froh und dankbar wäre ich, recht bald und ausführlich von Ihnen zu hören. Ich bleibe ungefähr 14 Tage hier in Paris: Adresse Hôtel Littré, Rue Littré, Paris 6e.

Am begierigsten aber wäre ich auf Ihr neues Quartett[34], von dem Kolisch mir begeistert erzählte. Ich war mit ihm in Paris und New York zusammen. Unser Berg-Buch sei unterdessen erschienen; es ist mir aber noch nicht zu Gesicht gekommen. Ebensowenig der kurze Beethovenaufsatz im »Auftakt«.[35] Ich muß Ihnen nicht sagen, wie viel mir an Ihrer kritischen Meinung gelegen wäre. Lassen Sie mich doch bitte auch Ihre Dispositionen für den Rest des Sommers und den früheren Herbst wissen. Vielleicht besteht doch eine Aussicht, sich zu treffen. Nach Deutschland denke ich zunächst nicht zurückzukehren. Das letzte, was ich davon sah, war der fränkische Barock.

In alter Freundschaft
        herzlichst stets
           Ihr T. W.

5.

Lieber Freund,

Ihren Brief habe ich mit großer Freude empfangen, die ebenso gesteigert wie getrübt war durch das lange Entbehren Ihrer Nachrichten. Ich freue mich aufrichtig, daß Ihre Aktivität auch nach außenhin neue Impulse erhalten hat, und wünsche Ihnen das allerbeste in der Entfaltung neuer Tätigkeiten.
Zur Sache selbst, die Sie proponieren, sage ich Ihnen natürlich gern zu, da Sie selbst die inneren Voraussetzungen, die meine Mitarbeit in dem bezeichneten Rahmen möglich machen, genau umschrieben haben. Auch ich glaube, daß das, was mich von Ihnen und dem Kreis Ihres Institutes trennt, so grundsätzlich es auch sein möge, aufgewogen wird durch die Parallelität der Blickrichtung und die Übereinstimmung im Methodischen. Ich für meine Person sehe jedenfalls kein Hindernis, wenn es mir erlaubt ist, das Meine eben so zu sagen, wie Sie es gewohnt sind, von mir zu hören, und das haben Sie mir ja konzediert. Ich entnehme es auch aus der Anerkennung, die Sie meinem Büchlein gespendet haben. Ich brauche Ihnen nicht zu sagen, wie sehr mich dieses Urteil erfreut hat – gleichzeitig aber, wie sehr ich gern Genaues und Ausführliches von Ihnen zu allen Details der Schrift gehört hätte. Vielleicht läßt sich das mündlich noch nachholen! Auf jeden Fall wäre ich über eine Anzeige des Buches durch Sie sehr glücklich.
Zur Arbeit über das Radio selbst möchte ich Ihnen in einigen Tagen etwa eine Art erster Disposition noch schicken. Was ich an Dokumentation brauche, wären vor allem Stichproben aus Radioprogrammen aller erreichbaren Stationen, eventuell einige wirtschaftlich-organisatorische Daten. Immerhin möchte ich die Arbeit nicht etwa mit statistischem Kram überladen, etwa wieviel Köpfe auf ein Radio kommen (oder umgekehrt) – das sieht nur für Kaffeehausleser wissenschaftlich aus und beweist ebenso alles wie nichts. Die Frage ist, wo das Institut mir dieses Material zur Verfügung halten könnte. Wo ist das Institut eigentlich: in New York oder in Paris, oder an beiden Orten? Das hängt nun mit meinen allgemeinen Plänen zusammen: ich weiß nicht, ob Sie davon wissen, daß ich vorhabe, im Oktober auf etwa 5 Monate nach Amerika zu gehen, u. zw. als Dirigent meiner Monteverdi-Bearbeitung[36], die von einer österreichischen Operntruppe auf einer von der NBC veranstalteten Tournée durch das ganze Land geschleppt werden soll. Diese Sänger studieren bereits, haben einige Zeit

unter meiner Leitung gearbeitet – jetzt habe ich mich für ein paar Wochen zurückgezogen, um ein Klavierkonzert zu schreiben, das ich ab März 1938 zu spielen gedenke (am 22. April in der BBC in London)[37]. Gegen Mitte August werde ich wieder bei den Opernleuten sein, in Mondsee, im September vermutlich in Wien. Ende September, Anfang Oktober werde ich mich dann jedenfalls westwärts bewegen, die Details erfahre ich vermutlich in nächster Zeit. Ich könnte also dann eventuell in Paris oder sonstwo mit Ihnen und dem Institut Kontakt nehmen, vor allem auch mit den Herren, die in New York selbst sind. Das ist alles eine Frage der näheren Vereinbarung und der noch offenstehenden Dispositionen. Jedenfalls wäre es mir angenehm, das Honorar in New York zu erhalten, wenn ich dort hinkomme, wo ich es ja auch hauptsächlich brauchen werde. Mit $ 100.– bin ich sehr einverstanden, wenn es etwas mehr ist, habe ich nichts dagegen.

Die Hefte der Zeitschrift werde ich mit größtem Interesse lesen. Ich hoffe, daß sie hier nicht verboten ist; in jedem Fall ist es vielleicht nützlicher, Sonderabdrucke zu senden. Vor allem würde mich jedoch der Aufsatz von Benjamin <u>dringendst</u> interessieren, den Sie erwähnen. Übrigens: falls Sie Benjamin sehen, bitte ich Sie sehr, ihn aufs herzlichste zu grüßen. Ich hätte ihn ganz besonders gern gesehen, als wir in Paris waren, doch war ich erst in einem argen Gedränge – auch klappte irgendetwas in der so besonders freundlichen Mittlerrolle von Fräulein Herzberger[38] nicht, durch ein Mißverständnis, wie mir scheint, und dann, als ich die Initiative ergreifen konnte, war er, wie es hieß, verreist. Ich bitte explizit um Entschuldigung, daß es leider nicht funktionieren wollte. Mit Kracauer war ich endlich einmal zusammen, ich hatte ihn noch gar nicht gekannt. Sein Buch scheine ich bedeutend positiver zu beurteilen als Sie, wir müssen darüber sprechen.

Mein Quartett will ich Ihnen zu senden trachten, ich muß ein paar Exemplare bekommen. Das Berg-Buch sieht ausgezeichnet aus, den Inhalt in seiner fertigen Form muß ich noch studieren, bisher kam ich nicht dazu. Ihren Artikel im »Auftakt« habe ich nicht gesehen.

Bitte geben Sie mir sogleich Bescheid über Ihre nächsten Pläne und Adressen, damit wir den Kontakt nicht verlieren. Hier erreichen Sie mich sicher bis 7. August, dann in <u>Mondsee</u>, Oberösterreich, Schloß.

Ihr in aufrichtiger Freundschaft
    herzlich ergebener
      Ernst Krenek

Vent (Ötztal)
Hotel Kuraten/Tirol 31. 7. 37

6.

Lieber Freund,

nachstehend einige ganz vorläufige Gedanken zu dem Radio-Aufsatz:
Ausgangspunkt: Differenz in der Betrachtung des Gegenstandes zwischen dem reinen Soziologen und dem soziologisch interessierten Künstler. (Jener denkt an die Funktion des Gegenstandes im Hinblick auf eine intendierte Veränderung der Zustände, dieser an die Funktion in Bezug auf die Kunst selbst, zunächst ohne soziologische Einordnung).
Die Betrachtung des Radios von diesem, zweiten, Standpunkt aus legitimiert, weil es vorwiegend Musik sendet, also Kunst reproduziert. Es tut auch andere Dinge (Propaganda etc.), kann diese aber nur tun, weil es wegen der Kunstreproduktion Verbreitung genießt. Kunst im Zustand der kunstgewerblichen Vervielfältigung als landläufiges Mittel zur Verschönerung des Lebens. Darum nur eine bestimmte Sorte Musik bevorzugt.
Hier käme ein spezieller Teil mit Einzelbetrachtungen (Beispiele etc.).
Dazu Stichworte:
Eigene Darbietung – Übertragung (Beziehung zur Reportage, der
        Informationscharakter überwiegend, Kunst
        verwandelt in Information)
Intern: Vorstellung von »funkeigener« Musik (abgelehnt)
    Frage der Verwendung der Schallplatten.
        (Doppelte Reproduktion. Negativ: Förderung des
        Erstklassigkeitswahns, positiv: dokumentarischer
        Wert etc. – dies alles auszuführen, hier nur ganz
        grob skizziert!)
Betrachtung von der Seite der Organisation her:
    Finanzierung durch Beiträge der Hörer – durch bezahlte Reklame.
        I   I
ganz- oder halbstaatlich   »unabhängig«
        I   I
   Monopol   Konkurrenz
                             (Parallele zur Zeitung, die von den Inse-
                             renten abhängig ist. Weniger Rücksicht
                             auf imaginäre oder wirkliche Leser).

    Resultat im Hinblick auf die Dualität: wenig Unterschied.
        Begründungen dafür.

Positive Seite: durch gute Finanzlage Möglichkeit, Problematisches zu pflegen. für den Künstler wesentlich, dem Soziologen in dieser Isoliertheit bedenklich. Anonymität und Ubiquität der Leistung. Unabhängig von Publikum und Presse. Item beim Hörer: Möglichkeit der Konzentration. Ambivalenz der Einrichtung: dort grenzenlose Zerstreuung, hier Möglichkeit stärkster Sammlung......

Bitte betrachten Sie das nur als eine ganz impressionistische Abfolge von Ideen, wie ich mir sie für größere Arbeiten stets notiere. Sie sollen um Gottes Willen nicht den Eindruck haben, daß der Aufsatz nun genau nach diesem konfusen Schema gemacht wird, sondern nur die Umrisse etwa wahrnehmen, innerhalb welcher ich meine Gedanken zur Reife bringen möchte. Falls Sie mir dazu Ergänzungen oder Anregungen geben wollen, ist es mir natürlich sehr recht. Wesentlich wäre mir, sehr bald die Arbeit von Benjamin zu erhalten! Auch das Technische zu erfahren, wie, wann, wo ich Material sehen kann, wann und wo ich den Aufsatz abliefern soll etc. Darüber werden Sie mir ja hoffentlich bald schreiben.
Die Aufsätze von Horkheimer habe ich mit großer Spannung und Teilnahme gelesen und bewundere sehr den Horizont und die Höhe des Ausdrucks. Über das Inhaltliche und manche andere Details dieser Hefte müßte ich stundenlang diskutieren. Trotzdem glaube ich, daß ich, bei ein wenig geistiger Spannweite, wie ich sie bei Ihrem Kreis als selbstverständlich voraussetze und in den Heften dokumentiert finde, mich sehr gut in diesem Rahmen äußern kann, insbesondere wenn ich selbst ziemlich deutlich kennzeichne, warum ich ihn etwa überschneide – oder nicht ganz ausfülle, um mich bescheidener auszudrücken.
Ich erwarte <u>bald</u> Nachricht von Ihnen, ab 12. d. nach <u>Mondsee</u>, Oberösterreich, <u>Schloß</u>. Alles Gute,
       in alter Freundschaft
Vent, 8. 8. 37   Ihr Ernst Krenek

7.

The Hacker Foundation
for Psychiatric Research and Education
March 20, 1953

Mr. Ernst Krenek
7700 Camelia Avenue
North Hollywood, California

Dear Ernst:

This is just to corroborate the arrangement we made yesterday. We will have a symposium under the title »The Experience of Modern Music« on April 27, at 8:00 P. M. at the Hacker Foundation. You will be the main speaker giving a 30 minute talk, and I will give a 15 minute reply.
Your honorarium will be $ 50.00.
I am trying to obtain the co-operation of Dr. Ruebsamen and Mr. Leonard Stein, and you were good enough to promise to contact Mr. Kirchner.[39]
I am looking forward to seeing you both on Tuesday evening.

       Cordially yours

       Teddie

Please don't forget the list of people to be invited![40]

8.

The Hacker Foundation
for Psychiatric Research and Education
April 13, 1953

Mr. Ernst Krenek
2177 Argyle Avenue
Los Angeles 28, California

Dear Ernst:

Please find enclosed a rough summary of some of the major ideas that will be covered in our colloquy on April 27.

> Cordially yours,
>
> Teddie

(Anlage)

Brief Summary of Colloquy between Ernst Krenek and Theodore W. Adorno
The colloquy will take as its point of departure the layman's usual contention that he does not understand modern music and that it is something to be left to the expert. This contention is refuted by interpreting it as an expression of psychological resistance under the guise of objectivity. The reasons for this resistance, such as the prevailing standardization of musical mentality and the fear of any deviation from conformity, will be discussed. The »unpredictability« of modern music will be emphasized and explained. Listeners, in order to achieve an adequate relationship to modern music, should rid themselves of erroneous expectations and rather listen to modern music »naively«, i. e., by renouncing the standard rationalizations. The problem of this naiveté will be followed up.
Understanding modern music requires a kind of »active passivity«; active in as much as one should not merely surrender oneself to a set of sensual stimuli; passive in as much as modern music cannot be understood in terms of »doing things«, of mere technical skill, but requires an attitude of aloofness, of genuine contemplation. The requirement of actively following music has nothing to do, as is often assumed, with theoretical know-

ledge about music. The gustatory attitude toward art, the concept that art is a »consumer good for others« and nothing in itself will be dealt with.

Finally, the most common objection, »Why should one busy oneself with modern music at all, if it is unpleasant?« will be answered. The usual attitude towards music as exempt from conscious experience – a kind of artistic »national park« supposedly reserved for the emotions – is infantile and retrogressive. These emotions are actually conventionalized repetitive patterns. Modern music is an attempt to overcome infantilism in music. One should musically »be one's age«. This, however, does not imply that modern music is »intellectualistic«. It has to be grasped for its own sake and not with reference to any »system« or to what the composer »meant« by it. But it aims at a kind of resistance. It enables the listener to look through the veil of conventional attitudes and to achieve primary experience. Here the problem of discord will be discussed. Discord will be interpreted as the expression of both repressed instinctual impulses and of suffering.

Modern music should be listened to because its content and form are adequate to a mature and independent human being facing the present historical situation, in other words, because it represents the listener more truly and copes with his problems more seriously, is closer to him than the music which he deems familiar.

9.

The Hacker Foundation
for Psychiatric Research and Education
30 April 1953

Lieber Ernst,

hier ist der Check. Er musste erst an die Bank gehen, aber ich hoffe die Verspaetung ist nicht zu gross.
Nochmals moechte ich Ihnen herzlichst danken. Wir hatten unseren Spass – – und ich glaube das Publikum auch.

Ihnen beide alles Herzliche,
               Ihr
                    Teddie

III. Nachweis

Die handschriftlich verfaßte Postkarte von 1935 befand sich im Nachlaß von Emanuela Krenek, den das Krenek-Archiv der Wiener Stadt- und Landesbibliothek übernommen hat; zum Zeitpunkt der Arbeit am vorliegenden Beitrag war der Brief dort allerdings unauffindbar – ausdrücklicher Dank gilt Prof. Claudia Maurer Zenck, Graz, die eine Kopie des von ihr im Nachlaß entdeckten Schreibens für den Druck zur Verfügung stellte. Der Brief vom Februar 1937 liegt in der Handschriften-Abteilung der Wiener Stadt- und Landesbibliothek. Er ist handschriftlich verfaßt und trägt die Signatur I.N.210.191. Die weiteren drei Briefe aus dem Jahr 1937 befinden sich im Theodor W. Adorno Archiv, Frankfurt a.M. Kreneks Sendungen sind handgeschrieben, diejenige Adornos ist maschinenschriftlich abgefaßt. Die drei Briefe von 1953 (sowie die Anlage zum zweiten Brief) befinden sich in der Krenek Collection der University of California, San Diego (Central Library, Special Collections Department); sie sind sämtlich mit Schreibmaschine geschrieben. Dank gebührt Dr. Rolf Tiedemann (Theodor W. Adorno Archiv, Frankfurt a.M.) und Mrs. Gladys N. Krenek (Palm Springs, CA) für die Erlaubnis zum Abdruck der Briefe.

1 Theodor W. Adorno und Ernst Krenek, Briefwechsel, hrsg. von Wolfgang Rogge, Frankfurt a.M. 1974 (im folgenden als: Bw Adorno-Krenek). – 2 Vgl. Th. W. Adorno, Philosophie der neuen Musik, in: ders., Gesammelte Schriften, Bd. 12, hrsg. von Rolf Tiedemann, 2. Aufl., Frankfurt a.M. 1990 (im folgenden als: Adorno, GS 12) bzw. E. Krenek, Über neue Musik, Wien 1937 (Reprint Darmstadt 1977). – 3 Als Beispiele seien etwa genannt: die Kafka-Lieder op. 82 (1937-1938), das *Siebte Streichquartett* (1943-44) oder die *Lamentatio Jeremiae Prophetae*, welcher sowohl die strenge Methodik der Zwölftontechnik lockert wie auch in spezifischen Rotationsprinzipien serielle Verfahrensweisen vorwegnimmt. – 4 Vgl. E. Krenek, Gespräch mit meinem zweiten Ich, in: Melos 40 (1973), S. 204. – 5 Vgl. etwa den Band: Theodor W. Adorno. Der Komponist, hrsg. von Heinz-Klaus Metzger und Rainer Riehn (Musik-Konzepte 63/64), München 1989. – 6 Vgl. den Brief Adornos an Krenek vom 1.3.1935, in: Bw Adorno-Krenek, a.a.O., S. 61. – 7 Vgl. dazu etwa Adornos Bemerkungen in: Adorno/Benjamin, Briefwechsel 1928-1940, hrsg. von Henri Lonitz, Frankfurt a.M. 1994, S. 85 und S. 209, im folgenden als: Bw Adorno-Benjamin. – 8 Der hier von Adorno angesprochene Aufsatz Kreneks verbindet u.a. wichtige Gedanken aus Walter Benjamins *Ursprung des deutschen Trauerspiels* mit seinem ›Bühnenwerk mit Musik‹ *Karl V.* (vgl. Ernst Krenek, Künstlerische und wissenschaftliche Geschichtsbetrachtung; zuerst veröffentlicht in den *Wiener Politischen Blättern* am 24.3.1935 nach einem Vortrag in der Historisch-soziologischen Arbeitsgemeinschaft in Wien am 11.2.1935; wieder abgedruckt in: ders., Zur Sprache gebracht, München 1958, S. 175-196, im folgenden als: Krenek, ZSg. Vgl. dazu auch den Brief Nr. 27, S. 83 ff., der Briefausgabe). – 9 Vgl. Bw Adorno-Krenek, a.a.O., S. 41. – 10 Vgl. E. Krenek, Ansprache zum Abend zeitgenössischer Musik, in: Bw Adorno-Krenek, a.a.O., S. 200. – 11 Vgl. Ernst Krenek und Theodor W. Adorno, Arbeitsprobleme des Komponisten, in: Bw Adorno-Krenek, a.a.O., S. 188, im folgenden als: Adorno/Krenek, Arbeitsprobleme. –

12 Vgl. E. Krenek, Bemerkungen zur Rundfunkmusik, in: Zeitschrift für Sozialforschung 7 (1938), S. 148-165. Auch in: ders., Im Zweifelsfalle, Wien 1984, S. 262-280 (vgl. Anm. 45/4 der Briefausgabe). – 13 Vgl. hierzu die umfangreiche Dokumentation in H.-K. Metzger, Musik wozu. Literatur zu Noten, hrsg. von R. Riehn, Frankfurt a.M. 1969, sowie Adornos Aufsatz *Das Altern der neuen Musik,* in: Adorno, GS 14, a.a.O., S. 136-159. – 14 Adorno spricht in diesem Zusammenhang im Anhang von Brief Nr. 5 von »infantile« und »retrogressive«. – 15 Vgl. Adorno/Krenek, Arbeitsprobleme, a.a.O., S. 187ff. – 16 Vgl. E. Krenek, Vom Altern und Veralten der Musik (1956), in: ders., ZSg, S. 371-378. – 17 Vgl. dazu etwa Carl Dahlhaus, Vom Altern einer Philosophie, in: Adorno-Konferenz 1983, hrsg. von Ludwig v. Friedeburg u.a., S. 133-137. – 18 Vgl. Th. W. Adorno, Zur Physiognomik Kreneks, in: Bw Adorno-Krenek, a.a.O., S. 230f. – 19 Vgl. Albrecht Wellmer, Zur Dialektik von Moderne und Postmoderne. Vernunftkritik nach Adorno, in: ders., Zur Dialektik von Moderne und Postmoderne, Frankfurt a.M. 1985, S. 109. – 20 Gegenüber der Druckausgabe der Lieder op. 3 (in: Th. W. Adorno, Kompositionen, hrsg. von H.-K. Metzger und R. Riehn, 2 Bde., München 1980; im folgenden als: Adorno, Kompositionen) ergeben sich folgende Divergenzen: op. 3/1 – T. 24 fünfte Sechzehntel, r. H., es und f Achtel statt Viertel bzw. Sechzehntel, a Sechzehntel statt Viertel. Achte Sechzehntel, r. H., des und g Sechzehntel statt Achtel. op. 3/3 – T. 9 Singstimme auf »wölk« ohne Portato-Strich; Akkord vierte Sechzehntel staccato in beiden Systemen; sechste Sechzehntel über dem c''': H; vorletzte Sechzehntel ges''' statt es'''. T. 10 über der ersten Achtel a': H; Akkord zweite Achtel ohne Portato-Strich; Akkord dritte und vierte Achtel mit Portato-Strich; sechste und siebte Sechzehntel d ohne Akzent. T. 11 Singstimme auf »Flie-« ohne, auf »Schwarm« mit Akzent. – 21 Vgl. dazu Brief Nr. 23 (S. 77f.) der Briefausgabe. – 22 Die *Drei Fragmente aus dem Bühnenwerk ›Karl V.‹* op. 73a wurden 1936 auf dem IGNM-Fest in Barcelona uraufgeführt. – 23 E. Krenek, *Gesänge des späten Jahres* op. 71, Liederzyklus nach eigenen Texten von 1931, der sich erstmals dodekaphonen Kompositionstechniken annäherte. – 24 Der Zusatz befindet sich auf der Rückseite der Karte; Humphrey Searle (*1915), engl. Komponist und Musikschriftsteller, studierte in Oxford und 1937/38 in Wien bei Anton Webern, war ab 1938 Musikredakteur bei der BBC. – 25 Vgl. W. Benjamin, Das Kunstwerk im Zeitalter seiner technischen Reproduzierbarkeit, in: ders., Gesammelte Schriften I.2, hrsg. von R. Tiedemann und H. Schweppenhäuser, S. 431 ff. Zu Adorno vgl. Anm. 38/1 der Briefausgabe. – 26 Das Projekt wurde aus finanziellen Gründen schließlich nicht verwirklicht; vgl. dazu auch Adornos Brief an W. Benjamin vom 2.7.1937, in: Bw Adorno-Benjamin, a.a.O., S. 256ff. – 27 Vgl. Anm. 12 dieses Nachtrages. – 28 Vgl. Anm. 2 dieses Nachtrages. – 29 Zur Rezension vgl. Anm 50/3 und den »Anhang« S. 224ff. der Briefausgabe; zu Offenbach vgl. Anm. 45/2 der Briefausgabe. – 30 Es handelt sich vermutlich um: Max Horkheimer, *Der neueste Angriff auf die Metaphysik,* in: Zeitschrift für Sozialforschung 6, Heft 1 (1937), S. 4-51, und ders., *Traditionelle und kritische Theorie,* in: Zeitschrift für Sozialforschung 6, Heft 2 (1937), S. 245-292; beide jetzt in: ders., Gesammelte Schriften, Bd. 4, Frankfurt a.M. 1988. – 31 Adornos Hinweis bezieht sich vermutlich auf eine von dem deutschen Dirigenten Hermann Scherchen (1891-1966) beim IGNM-Kongreß 1935 in Prag vorgetragene Initiative zur Schaffung einer internationalen Verlagsgenossenschaft, die auf eine Art Medien-Verbund zur Förderung zeitgenössischer Musik abzielte: Im Rahmen des ambitionierten Projekts gab er seit 1936 auch die viersprachige Zeitschrift *Ars viva* heraus. – 32 Es handelte sich um die »Konferenz der Internationalen Kongresse für Einheit der Wissenschaft« und den anschließenden IX. Internationalen Philosophen-Kongreß Ende Juli/Anfang August 1937 in Paris. – 33 Vgl. Th. W. Adorno, Zur Philosophie Husserls, in: GS 20, S. 46-118. – 34 Das *Sechste Streichquartett* op. 78 hatte Krenek bereits im Oktober 1936 beendet; die projektierte Uraufführung durch Rudolf Kolischs Quartett kam nicht zustande, das Werk wurde erstmals 1953 in Darmstadt durch das Assmann-Quartett aufgeführt. – 35 Vgl. die Anmerkungen 39/1 bzw. 20/9 der Briefausgabe. – 36 Krenek

hatte seine Bearbeitung von *L'incoronazione di Poppea* op. 80a (vgl. Anm. 41/3 der Briefausgabe) im Dezember 1936 abgeschlossen; die Premiere erlebte sie im September 1937 in Wien, ab Ende Oktober begann die Amerika-Tournee mit der Salzburg Opera Guild. – 37 Krenek beendete sein *Zweites Klavierkonzert* op. 81 am 2. August 1937 in Vent; es kam am 17. März 1938 in Amsterdam zur Uraufführung; das Konzert am 22. April fand nicht statt. – 38 Else Herzberger, Geschäftsfrau und Cousine Adornos, lebte damals in Paris und beherbergte Krenek während des ISCM-Festes für einige Tage (vgl. dazu E. Krenek, Die amerikanischen Tagebücher 1937-1942, hrsg. von C. M. Zenck, Wien, Köln 1992, S. 21 [Anm. 28]). – 39 Walter Rubsamen (1911-1973), amerikanischer Musikwissenschaftler und als Schönbergs Kollege seit 1938 an der Musikabteilung der University of California, Los Angeles tätig. – Leonard Stein (*1916), amerikanischer Musikwissenschaftler, seit 1946 in Kalifornien tätig. – Der Komponist (Schüler von Schönberg, Ernest Bloch und Roger Sessions), Pianist und Dirigent Leon Kirchner (*1919) lehrte zu dieser Zeit als Associate Professor an der University of Southern California. – 40 Handschriftlicher Zusatz.

Hundstage

Im Anhang zur *Dialektik der Aufklärung* erzählt Adorno von einem großen Hund, der, jede Gefahr verkennend, an einem Highway steht. Sein »friedlicher Ausdruck« zeuge davon, daß es sich um ein »sonst besser behütetes« Haustier handle, dem »man nichts Böses« zufüge. »Aber«, fährt Adorno fort, »haben die Söhne der oberen Bourgeoisie, denen man nichts Böses zufügt, einen friedlichen Ausdruck im Gesicht? Sie waren nicht schlechter behütet, als sonst der Hund, der jetzt überfahren wird.«

Es gibt eine Photographie des sehr jungen Adorno: ein schöner Knabe mit großen dunklen Augen. Neben ihm sitzt ein Hund. Adornos Hand ruht behütend auf dessen Schulter. Beiden Gestalten eignet ein friedlicher Ausdruck. Der Blick des Jungen ist ernst und entschlossen. In dem des Hundes dagegen steht auch so etwas wie Besorgnis und Verlorenheit, ein anrührender Ausdruck, ähnlich dem, der mir als erstes und immer wieder im Blick des alten Adorno aufgefallen ist.

Die Höflichkeit und die Liebenswürdigkeit, die das Verhalten Adornos auszeichneten, vor allem aber seine schriftstellerische Vorliebe für scheinbar Randständiges haben viele dazu verführt, zeichenkundige Empfindlichkeit mit kulturbeflissener Manierlichkeit zu verwechseln. Sie wollen in ihm einen prätentiösen Statthalter fürs Aparte sehen – wohlaufgehoben im ›Grand Hotel Abgrund‹. Diese Marginalisierung zum bloß feinsinnigen Künstlerphilosophen war und ist ein nicht nur von marxistischer Seite unternommener Versuch, das, wofür der Name Adorno steht, auf den Hund zu bringen. Der Abgrund war für Adorno, der die Gefahr noch im Vertrautesten aufspürte, allgegenwärtig. Seine Berichte aus dem Alltag sind weniger Spiegelungen des Großen im Kleinen, sie erzählen vielmehr – und zuweilen ganz unfein – von dem nächsten Schritt des Denkens, der in den Abgrund, unter die Räder führen kann.

Der »Triumph der Kultur«, der zugleich ihr »Mißlingen« anzeige, schreibt Adorno in der *Negativen Dialektik*, sei darin zu sehen, daß man vergessen habe, »was man einmal vorm Wagen des Hundefängers empfand«. Die Kultur erzwinge den Abscheu vor dem Gestank, »weil sie stinkt; weil ihr Palast [...] gebaut ist aus Hundescheiße«.

Silvia Bovenschen

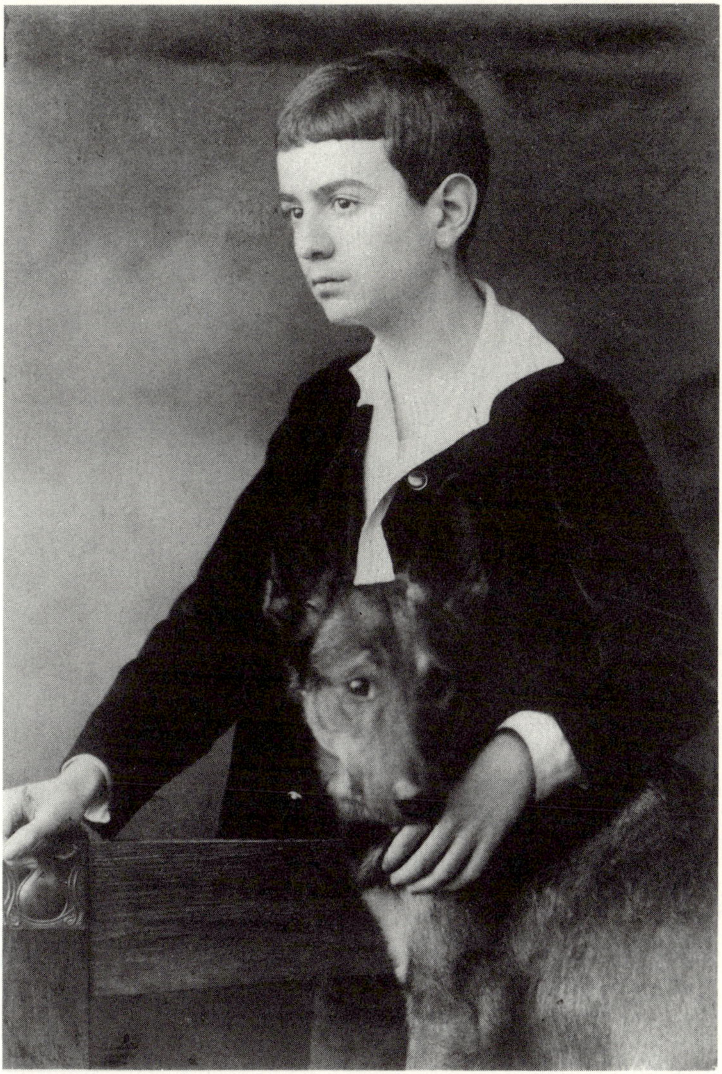

Editorische Notiz

Die *Frankfurter Adorno Blätter,* von denen der vierte Band vorgelegt wird, sind eine Buchreihe, in der das Theodor W. Adorno Archiv über seine Arbeit informiert: durch Abhandlungen und essayistische Beiträge über den Philosophen und Komponisten Adorno und sein Werk sowie über Kritische Theorie insgesamt. Der vorliegende Band bildet gegenüber den vorangegangenen Bänden der *Frankfurter Adorno Blätter* insofern eine Ausnahme, als er zu einem großen Teil Walter Benjamin, dem älteren Freund Adornos, gewidmet ist. Der wichtigste Teil von Benjamins literarischem Nachlaß, das früher so genannte »Benjamin-Archiv Theodor W. Adorno«, gehört heute zum Theodor W. Adorno Archiv, das auch die Edition der *Gesammelten Schriften* Benjamins zuendegeführt hat und das zur Zeit seine *Gesammelten Briefe* herausgibt.

Im vierten Band der *Frankfurter Adorno Blätter* werden zwei Texte Benjamins veröffentlicht, die erst nach Abschluß der *Gesammelten Schriften* zugänglich geworden sind und deshalb dort fehlen. Die ›Neuen Baudelairiana‹ folgen Manuskripten aus dem Besitz von Giorgio Agamben, dem für die Möglichkeit des Abdrucks zu danken ist. Die *Notizen zu einer Arbeit über die Kategorie der Gerechtigkeit,* die sich als Abschrift in einem Tagebuch Gershom Scholems gefunden haben, wurden zum ersten Mal in dem 1995 veröffentlichten ersten Band der Tagebücher Gershom Scholems gedruckt; der vorliegende Abdruck beruht auf einer Photokopie der Scholemschen Handschrift, für die der Jewish National and University Library, Jerusalem, zu danken ist. Der *Literaturbrief* von 1939, ein Beispiel von nicht zur Veröffentlichung bestimmten Briefen, die Benjamin an Max Horkheimer richtete, um diesen und die Mitarbeiter des Instituts für Sozialforschung in New York über französische Neuerscheinungen und das literarische Leben in Paris zu informieren, stellt einen Vorabdruck aus dem letzten Band der *Gesammelten Briefe* dar, von denen der erste Band jetzt im Suhrkamp Verlag erscheint, der auch die Abdrucksgenehmigung erteilte. Die Protokolle von Adornos Seminar über Benjamins *Ursprung des deutschen Trauerspiels* schließlich sind von Kurt Mautz aufbewahrt worden, der sie dankenswerterweise dem Theodor W. Adorno Archiv zur Verfügung stellte. – Die drei theoretischen Texte von Thomas Schröder, Jan

Philipp Reemtsma und Eckart Goebel sind, ebenso wie der Nachtrag zu dem bereits 1974 erschienenen Briefwechsel zwischen Adorno und dem Komponisten Ernst Krenek, Erstveröffentlichungen.

Vor kurzem begann eine umfangreiche Ausgabe von Briefen Gershom Scholems zu erscheinen, zu deren interessantesten die Briefe gehören, die der große Kabbalaforscher an Adorno schrieb, meist über den gemeinsamen Freund Benjamin; die für den vorliegenden Band geplante Veröffentlichung der Gegenbriefe Adornos an Scholem kann aus technischen Gründen erst im nächsten Band der *Frankfurter Adorno Blätter* begonnen werden.

Juni 1995

Bisher sind erschienen

Frankfurter Adorno Blätter I
Herausgegeben vom Theodor W. Adorno Archiv
137 Seiten, ISBN 3-88377-420-0

Der 1992 erschienene erste Band der »Frankfurter Adorno Blätter« enthält eine Darstellung der Zusammenarbeit Adornos mit Thomas Mann am »Doktor Faustus«, in der zum erstenmal die Entwürfe Adornos zu den Kompositionen des Adrian Leverkühn publiziert worden sind, von deren Existenz die Forschung bisher nichts wußte. Es folgen Adornos »Aufzeichnungen zur Ästhetik-Vorlesung von 1931/32«: der frühesten Vorlesung, die der junge Privatdozent Wiesengrund-Adorno über den Gegenstand gehalten hat und die sozusagen die Keimzelle zu der erst 1970 aus dem Nachlaß veröffentlichten »Ästhetischen Theorie« bildet. Weiter wird die Eröffnung der vielbeachteten Benjamin-Ausstellung, die das Theodor W. Adorno Archiv zeigte, durch den Abdruck der bei dieser Gelegenheit gehaltenen Vorträge dokumentiert: Jan Philipp Reemtsma sprach über Walter Benjamin und Karl Kraus, Rolf Tiedemann über Benjamin »auf dem Weg ins Museum«. Den Abschluß bildet ein Bericht über das 1985 gegründete Theodor W. Adorno Archiv, seine Arbeit seither und seine Pläne.

Frankfurter Adorno Blätter II
Herausgegeben vom Theodor W. Adorno Archiv
158 Seiten, ISBN 3-88377-451-0

Der 1993 erschienene zweite Band der »Frankfurter Adorno Blätter« dokumentiert die Vorlesung »Der Begriff der Philosophie«, eine der ersten Vorlesungen, die Theodor W. Adorno nach seiner Rückkehr aus dem Exil 1951/ 1952 an der Frankfurter Universität gehalten hat. Mit diesem Kolleg wurden die deutschen Nachkriegsstudenten in das Denken Adornos eingeführt, das dann in den folgenden Jahrzehnten so unvergleichlich einflußreich wurde. Daneben enthält der Band unter anderem eine Untersuchung Rolf Tiedemanns zur Sprachphilosophie Adornos, einen Beitrag von Hermann Schweppenhäuser über Adornos »aufgeklärten Kunstbegriff« und einen Essay von Peter Schünemann über die erkenntnisleitende Kraft der Kindheitsbilder, in denen und durch die Adornos Denken den Mythos verläßt und in die Geschichte eindringt.

Frankfurter Adorno Blätter III
Herausgegeben vom Theodor W. Adorno Archiv
153 Seiten, ISBN 3-88377-485-5

Im Mittelpunkt des 1994 erschienenen Bandes stehen Adornos Beckett-Rezeption und sein Engagement für den Dichter. Die Rekonstruktion der Beschäftigung des Philosophen mit dem Dichter aus Notizen, Marginalien, Textskizzen – besonders zum »Namenlosen« – und einer Fernsehdiskussion läßt die Genese von Adornos späteren, veröffentlichten Ausführungen zu Beckett nachvollziehen. Daneben enthält der Band unter anderem 11 Nachträge zu den »Gesammelten Schriften« und einen Beitrag über die unter dem Pseudonym Castor Zwieback verfaßten ›surrealistischen Lesestücke‹ sowie »Notizen zum Ausgang der Moderne« von Peter Schünemann.

Dialektische Studien
edition text + kritik

Dialektische Studien
Im Auftrag des Theodor W. Adorno Archivs herausgegeben von Rolf Tiedemann

Claudia Kalász
Hölderlin.
Die poetische Kritik instrumenteller Rationalität
173 Seiten, DM 35,--
öS 273,-- / sfr 36,--
ISBN 3-88377-302-6

Heinz Krüger
Über den Aphorismus als philosophische Form
138 Seiten, DM 28,--
öS 219,-- / sfr 29,--
ISBN 3-88377-301-8

Hermann Schweppenhäuser
Studien über die Heideggersche Sprachtheorie
102 Selten, DM 24,--
öS 187,-- / sfr 25,--
ISBN 3-88377-303-4

Hermann Schweppenhäuser
Kierkegaards Angriff auf die Spekulation.
Eine Verteidigung
218 Seiten, DM 52,--
öS 406,-- / sfr 53,--
ISBN 3-88377-452-9

Hella Tiedemann-Bartels
Versuch über das artistische Gedicht.
Baudelaire, Mallarmé, George
153 Seiten, DM 32,--
öS 250,-- / sfr 33,--
ISBN 3-88377-354-9

Renate Wieland
Schein Kritik Utopie.
Zu Goethe und Hegel
263 Seiten, DM 54,--
öS 421,-- / sfr 55,--
ISBN 3-88377-419-7

> Theodor W. Adorno
> und
> Alfred Sohn-Rethel
> Briefwechsel
> 1936 - 1969
>
> Herausgegeben
> von
> Christoph Gödde
>
> Dialektische Studien
> edition text + kritik

Theodor W. Adorno und Alfred Sohn-Rethel Briefwechsel 1936 – 1969
Herausgegeben von Christoph Gödde
174 Seiten, DM 36,--
öS 281,-- / sfr 37,--
ISBN 3-88377-403-0

Die 48 erhaltenen Briefe und Karten, die Adorno und Sohn-Rethel wechselten, dokumentieren eindringlich die mühevolle Geschichte von Sohn-Rethels Hauptwerk »Geistige und körperliche Arbeit«, vor allem die Anstrengungen um die frühen Entwürfe (1936 – 1938). Ungeachtet ihrer verschiedenen Ausgangspunkte erschien ihm Adorno als deren idealer Leser, ging es doch beiden seit Mitte der 30er Jahre um eine kritische Überwindung des Idealismus, um dessen Überführung in dialektischen Materialismus. Die Beziehung Adornos zu Sohn-Rethel wird hier zum ersten Mal unentstellt dokumentiert.

edition text + kritik GmbH
Levelingstraße 6 a
81673 München